A ARTE DE FAZER
PERGUNTAS
TRANSFORMADORAS

CARO(A) LEITOR(A),
Queremos saber sua opinião
sobre nossos livros.
Após a leitura, siga-nos no
linkedin.com/company/editora-gente,
no TikTok **@editoragente**
e no Instagram **@editoragente**,
e visite-nos no site
www.editoragente.com.br.
Cadastre-se e contribua com
sugestões, críticas ou elogios.

SANDRO MAGALDI | JOSÉ SALIBI NETO

A ARTE DE FAZER
PERGUNTAS
TRANSFORMADORAS

**DESBLOQUEIE A INOVAÇÃO, ACELERE A TRANSFORMAÇÃO
E POTENCIALIZE OS RESULTADOS DO SEU NEGÓCIO**

Gente
editora

Diretora
Rosely Boschini

Gerente Editorial Sênior
Rosângela de Araujo Pinheiro Barbosa

Editora Pleno
Rafaella Carrilho

Assistente Editorial
Mariá Moritz Tomazoni

Produção Gráfica
Leandro Kulaif

Preparação
Debora Capella

Capa
Renata Zucchini

Montagem de Capa
Márcia Matos

Projeto Gráfico
Márcia Matos
Gisele Baptista de Oliveira

Diagramação
Gisele Baptista de Oliveira

Revisão
Fernanda Guerriero Antunes
Andresa Vidal Vilchenski

Impressão
Grafilar

Copyright © 2025 by Sandro Magaldi
e José Salibi Neto
Todos os direitos desta edição
são reservados à Editora Gente.
Rua Dep. Lacerda Franco, 300 – Pinheiros
São Paulo, SP – CEP 05418-000
Telefone: (11) 3670-2500
Site: www.editoragente.com.br
E-mail: gente@editoragente.com.br

Dados Internacionais de Catalogação na Publicação (CIP)
Angélica Ilacqua CRB-8/7057

Magaldi, Sandro
  A arte de fazer perguntas transformadoras : desbloqueie a inovação, acelere a transformação e potencialize os resultados do seu negócio / Sandro Magaldi, José Salibi Neto. - São Paulo : Editora Gente, 2025.
  208 p.

Bibliografia
ISBN 978-65-5544-584-8

1. Desenvolvimento profissional 2. Administração 3. Negócios Título II. Salibi Neto, José

25-1281   CDD 650.1

Índices para catálogo sistemático:
1. Desenvolvimento profissional

Nota da publisher

Vivemos na era das respostas fáceis, das certezas absolutas e da pressa por soluções. Mas quem ousa perguntar? Quem se atreve a desafiar o óbvio, provocar o conforto e abrir espaço para o novo?

Foi exatamente esse espírito que me fez apostar em *A arte de fazer perguntas transformadoras*. Desde o primeiro contato com este projeto, tive certeza de que estávamos diante de uma obra rara: aquela que não entrega respostas prontas, mas que nos ensina a pensar melhor – e a perguntar melhor.

O tema é urgente. Em um mundo em constante ruptura, onde as verdades mudam mais rápido que conseguimos acompanhá-las, saber fazer as perguntas certas não é apenas uma habilidade desejável – é uma competência vital para quem quer continuar relevante. Lideranças que não estimulam o questionamento, empresas que ignoram a dúvida, profissionais que não abraçam a curiosidade... todos estão fadados à estagnação.

E por que este livro, com estes autores? Porque Sandro Magaldi e José Salibi Neto não falam do que não conhecem. Eles vivem o que escrevem. Ao longo de suas trajetórias, ajudaram milhares de líderes a se reinventar, transformaram conhecimento em ação e formaram uma verdadeira comunidade de agentes de mudança. Seus trabalhos já são referência em cultura organizacional, inovação e gestão – e este livro é uma nova contribuição essencial para o nosso tempo.

Mas o maior valor desta leitura está no que ela provoca em quem a encontra. Este livro é um chamado à reflexão, à escuta, à coragem de não saber – e, por isso, aprender. O leitor sai dele com ferramentas práticas, repertório ampliado e, principalmente, com a consciência de que perguntar pode ser muito mais poderoso do que responder.

Convido você a viver essa transformação. Volte ao ponto onde tudo começa – a boa pergunta. Deixe-se guiar por esse percurso instigante que une filosofia, negócios e comportamento humano com rara sensibilidade e profundidade.

Boa leitura!

ROSELY BOSCHINI
CEO e Publisher da Editora Gente

?

Sempre fui o cara das respostas. Sempre tive uma para tudo. Tanto que um dos meus maiores prazeres e hábitos mais tradicionais sempre foi aconselhar os amigos que, com frequência, me procuram em busca de uma opinião ou, às vezes, apenas de um ombro amigo.

O tempo, porém, me ensinou o verdadeiro valor das perguntas. Descobri a importância da inquietude ao aprender a explorar as profundezas de minhas crenças e verdades. E, a partir disso, um novo mundo se descortinou diante de mim.

Nessa jornada de aprendizado, duas pessoas foram essenciais. A Valeska, minha querida e eterna esposa, que, com paciência e sensibilidade, me ensinou a lidar com leveza com minhas incertezas e angústias. Além disso, foi ela quem me incentivou a buscar a terapia, e aí entrou a segunda protagonista desta trajetória: a doutora Carla Trachtenberg, minha terapeuta. Com maestria ímpar, Carla começou a me conduzir por um caminho de autoconhecimento que não tem fim. Com ela, aprendi a fazer perguntas desconfortáveis a mim mesmo e a confrontar meus dogmas mais profundos. Aprendi a ser um ser humano melhor.

Sou a prova viva do impacto que as perguntas podem ter na vida de alguém. E é a essas duas heroínas que dedico esta obra – um dos frutos mais vívidos de minha experiência, marcada por inquietações e dúvidas que não cessam.

SANDRO MAGALDI

Dedico este livro a Sylvia Mancini. Seu sorriso, seu coração e sua inteligência ficarão conosco para sempre.

Para meus ortopedistas e amigos Dr. Wagner Castropil e Dr. Henrique Cabrita. Eles não mediram esforços para que eu tivesse uma vida produtiva e sem dor.

Para meus amores, Luciana Salibi e Cristiana Salibi Houch. Sem vocês, nada faria sentido.

JOSÉ SALIBI NETO

Agradecimentos

A principal motivação para desenvolver este projeto nasceu das inquietações dos queridos amigos que fazem parte da nossa Comunidade Gestão do Amanhã. Esse grupo é formado por todos aqueles que participam de nossos eventos e estabeleceram um vínculo próximo conosco, compartilhando dúvidas, reflexões e dilemas. Em todos os nossos encontros, reservamos e cultivamos um espaço na agenda fixa dedicado ao fomento e desenvolvimento de perguntas – uma marca registrada de nossa plataforma. Este livro é, portanto, uma extensão natural dessa prática. Nossa gratidão a cada um dos Gestores do Amanhã, nossos GAs, que nos desafiam diariamente a ir além.

Mais recentemente, surgiu outro universo de amigos – aqueles com quem nos conectamos à distância, por meio do *Gestão do Amanhã Podcast*. São seguidores fiéis que acompanham semanalmente nossos conteúdos no YouTube e no Spotify. Ainda que não estejamos fisicamente próximos, essa audiência está muito presente em nossas vidas e nos inspira a sermos melhores a cada dia, impulsionando-nos a produzir o conteúdo de gestão mais valioso que conseguimos entregar. Curiosamente, foi em um episódio do *Gestão do Amanhã Podcast* – um dos mais acessados até hoje – que exploramos pela primeira vez o tema das perguntas fora do ambiente de aulas e palestras. A cada um que nos permite fazer parte de sua rotina diária, nosso mais sincero agradecimento.

Um agradecimento especial a Ricardo Lelis, cuja participação, por meio de suas pesquisas e orientações, foi essencial para garantir o rigor acadêmico e a profundidade deste projeto. Seu trabalho foi decisivo para a construção de um conhecimento sólido e relevante.

E, por fim, nosso agradecimento mais importante: a você, nosso leitor. Você é a razão de todos os nossos projetos. Nossa ambição é criar um conteúdo que não apenas ressoe com seus desafios, mas também o auxilie a alcançar o sucesso em um ambiente empresarial cada vez mais dinâmico.

Muito obrigado por nos ajudar a cumprir nossa missão: contribuir para que as pessoas prosperem em sua adaptação a este mundo desafiador e fascinante. Afinal, tudo está em aberto. Basta fazer as perguntas certas!

Sumário

Introdução _____ 14

CAPÍTULO 1 A habilidade de fazer perguntas transformadoras em um mundo de rupturas _____ 22

CAPÍTULO 2 As perguntas que garantem a sustentabilidade de um negócio ____ 44

CAPÍTULO 3 Como fazer da pergunta um ativo estratégico _____ 70

CAPÍTULO 4 Como utilizar perguntas para fomentar a inovação _____ 94

CAPÍTULO 5 Perguntas que geraram empresas vitoriosas e outras nem tanto... __ 118

CAPÍTULO 6 Perguntas na Era da Inteligência Artificial _____ 152

Conclusão _____ 164

Referências _____ 167

Anatomia das perguntas: estruturas para fomentar perguntas em seu negócio _____ 171

Matriz das perguntas: modelos para formular perguntas poderosas com clareza, intenção e impacto _____ 191

Introdução

Como aprendemos quando somos crianças? A despeito de diversos estudos confirmarem a tese, nossa observação atenta da realidade já demonstra que um dos métodos mais significativos para o aprendizado do ser humano em seu estágio inicial de vida é fazer perguntas.

As crianças são obstinadas perguntadoras que não se satisfazem com as primeiras respostas e buscam sempre outras nuances e perspectivas. Chegam a cansar seu interlocutor (normalmente, mãe ou pai) pela insistência em saber o que está por trás de tudo. Estudos científicos demonstram que essa estratégia é bem-sucedida. São essas interações que habilitam a criança a explorar o mundo ao seu redor, a desenvolver pensamento crítico e a expandir sua compreensão sobre diversos assuntos e o contexto em que está inserida.

As perguntas são uma forma natural de expressar a curiosidade. As crianças buscam constantemente entender o ambiente em que vivem e, ao questionarem, ativamente exploram e descobrem perspectivas inéditas. Esse recurso também permite a conexão de novas informações com o repertório já existente, conectando pontos e criando novos campos de aprendizado. É assim que, logo cedo, aprendemos que as perguntas são uma ferramenta poderosa para a resolução de problemas. Quando adotamos esse recurso, buscamos entender como solucionar desafios ou enfrentar algo novo, o que desenvolve, desde a tenra idade, nossa habilidade de pensar em soluções e enfrentar situações desconhecidas. Em síntese: ao perguntar, a criança não apenas obtém respostas, mas também aprende a pensar de modo independente e a construir seu próprio conhecimento.

Uau! Que recurso magnífico esse que aprendemos de maneira intuitiva e natural. Observe o potencial dessa estrutura, que é nativa do ser humano, para o desenvolvimento pessoal. E mais: trata-se de um recurso que, comprovadamente, apresenta resultados, de modo frequente e persistente, ao longo de séculos. Então, como explicar que, a despeito dos claros benefícios dessa estratégia, ao ficarmos adultos, nós a abandonamos e nos apaixonamos pelas respostas?

Vivemos em um mundo dominado por uma casta de "sabe-tudo" que tem respostas para todas as questões e não está aberta a questionamentos. Se isso já é uma realidade na vida cotidiana de cada um de nós, oriente sua atenção ao ambiente corporativo, e essa dinâmica ficará ainda mais evidente: o mundo empresarial é obcecado pela busca da resposta definitiva, a perseguição pela "bala de prata".

Ao longo dos anos, líderes que titubearam ao serem confrontados com questionamentos foram vistos como fracos, inseguros e despreparados para enfrentar os desafios corporativos. Travestidos de sua indumentária imaginária de super-herói, esses "líderes", muitas vezes, tangenciam as questões complexas com verdades absolutas sem fundamento em vez de assumirem que não sabem a resolução definitiva para esses desafios. Fazem isso com tanta convicção que conseguem convencer seus interlocutores de que aquela é a resolução definitiva. Incontestável.

Não é necessário nenhum estudo em profundidade para concluir que esse modelo não está mais funcionando em um ambiente que se caracteriza por alta dose de complexidade e obstáculos inéditos resultantes de rupturas e transformações abruptas. Acrescente a esse contexto a ascensão da inteligência artificial, cuja representação mais popular é o ChatGPT, e temos um cenário ainda mais desafiador.

Quando veio ao público, em novembro de 2022, o ChatGPT inovou ao desenvolver uma interface muito amigável que permitiu a interação entre computadores e seres humanos com o mínimo de fricção. O tipo de inteligência artificial conhecida como Processamento de Linguagem Natural (PNL) utiliza essa linguagem como sua principal forma de comunicação, sendo capaz de compreender e gerar textos em resposta aos enunciados (os já populares prompts) gerados por qualquer usuário.

Subitamente, a resposta se transformou em uma *commodity*. Tendo em vista que perguntas similares tendem a obter respostas parecidas, a capacidade de geração de justificativas ou explicações para questionamentos perdeu sua originalidade e reduziu a capacidade cognitiva de seus usuários. Agora, todos têm respostas para tudo a um clique.

Eis uma das contradições mais claras do novo mundo. Ao mesmo tempo que potencializa o ser humano com seus recursos, a inteligência artificial pode "emburrecê-lo". Estamos diante de um dos desafios mais relevantes da história recente da humanidade, já que, se não formos capazes de alterar essa dinâmica, haverá um impacto cognitivo que pode ser irreversível – com tudo se resumindo a respostas geradas por máquinas para perguntas sem profundidade.

Não restam dúvidas de que a adaptação a essa nova realidade passa, inevitavelmente, pela capacidade de articulação de perguntas poderosas, enunciados transformadores que provocam inquietude e desconforto. Passa pela formulação daquelas questões que tiram você da zona de conforto e remetem sua imaginação a campos até então não desbravados.

A adaptação a essa nova realidade requer que sejamos aprendizes a vida toda, e não somente em seu início. É necessária uma postura inquieta, que fomente a curiosidade constante e a inclinação a experimentar navegar por novos campos do conhecimento, expandindo os horizontes do repertório de cada indivíduo. Essa dinâmica é exatamente a mesma do desenvolvimento infantil, em que a capacidade de adaptação e absorção é crucial para o desenvolvimento da criança até conquistar a tão desejada autonomia.

Estamos aqui incentivando um retorno a nossas origens, redescobrindo uma ferramenta tão poderosa e adotada em nossa infância: a pergunta. Esse comportamento, que pode ser desenvolvido como técnica, é a força motriz por trás de outro pré-requisito fundamental para o sucesso de qualquer indivíduo nos dias de hoje: sua capacidade de aprender.

Ninguém consegue aprender se não for capaz de formular perguntas transformadoras. A repetição da resposta, pura e simplesmente, é um exercício de memorização que, desacompanhado da interpretação do contexto, não gera profundidade de análise. Sendo mais claro: não há expansão de repertório se o indivíduo não for capaz de conectar conclusões a indagações.

Paradoxalmente, estamos evidenciando para o êxito futuro o valor de um comportamento que já foi definido como essencial há mais de 2 mil anos. Sócrates (470–399 a.C.), conhecido como "pai da Filosofia" mesmo não sendo o primeiro filósofo da humanidade, é o grande marco da Filosofia Ocidental, e muito desse reconhecimento é resultado de sua busca incessante pelo conhecimento, que o levou a desenvolver um método que ficou conhecido como "método socrático". Na essência, essa abordagem consiste em questionar, de maneira disciplinada e metódica, as crenças habituais do interlocutor e assumir sua ignorância como fundamento para a busca do conhecimento verdadeiro.

Em síntese, o método socrático tem como primeira parte a formulação de perguntas realizadas ao interlocutor com o objetivo de deixar claro que o que ele julgava ter não passava de mera opinião ou de uma interpretação parcial da realidade. Essa fase é conhecida como **ironia** e vem da expressão grega que significa "perguntas, fingindo não saber".

Para o filósofo, o não conhecimento é preferível ao mau conhecimento. Com isso, as perguntas de Sócrates voltavam-se para que o interlocutor percebesse que não estava seguro de suas crenças e reconhecesse a própria ignorância.

Na segunda etapa do método, Sócrates continua fazendo perguntas, agora com o objetivo de que o interlocutor chegue a uma conclusão segura sobre o assunto e consiga definir um conceito. Essa fase é conhecida como **maiêutica**, que significa "parto", já que a proposta é dar "à luz as ideias".

Uma perspectiva central do pensamento de Sócrates que remonta à dinâmica do aprendizado infantil é que as ideias já estão dentro das pessoas. Logo, a pergunta correta tem o potencial de resgatar esse domínio, trazendo à tona convicções preexistentes.

A formulação de perguntas, de acordo com o filósofo, é um exercício íntimo de autodesenvolvimento, visto que ninguém é capaz de ensinar coisa alguma a outra pessoa. Somente ela mesma pode tomar consciência e conceber ideias. A forma de atingir o conhecimento, sob essa perspectiva, é por meio da reflexão ativa.

Essa visão evidencia como o exercício de formular perguntas profundas é um ato de emancipação do indivíduo, que conquista sua independência por não ser pautado pelas respostas de ninguém. A pergunta pertence ao indivíduo que a formulou. A resposta sem contexto é indiferenciada e pertence a todos genericamente.

Quando iniciou a formulação da estrutura de seu pensamento e método, o filósofo percebeu que os "sábios" daquela época eram seguros sobre seus conhecimentos, porém essa pretensa sabedoria não passava de mera opinião ou de uma perspectiva parcial da realidade. Sócrates percebeu que essa convicção fazia com que tais indivíduos não buscassem o verdadeiro conhecimento, já que eles sabiam de tudo.

Ao perceber essa estrutura, o filósofo entendeu que questionar e tomar consciência da própria ignorância é o primeiro passo para a busca do conhecimento. Foi aí que Sócrates cunhou sua célebre frase: "Só sei que nada sei". A verdadeira sabedoria tem como fundamento a humildade de assumir a ignorância, o desconhecimento das questões do mundo.

É instigante fazer um paralelo da jornada de Sócrates e de sua obra com a dinâmica dos dias atuais. O que diria o nobre filósofo se vivesse na atualidade, recheada de intelectuais das redes sociais que têm a certeza de que sabem tudo e vivem vomitando suas convicções aos quatro cantos como os "sábios" de outrora? Talvez o destino de Sócrates nos traga reflexões importantes sobre nossa contemporaneidade.

O método socrático, sobretudo a fase das perguntas realizadas de maneira obstinada e disciplinada, incomodava os poderosos de Atenas, que muitas vezes eram ridicularizados pelo filósofo. A exposição da ignorância dos poderosos políticos gregos condenou Sócrates à morte. O filósofo foi acusado de atentar contra os deuses gregos e desvirtuar a juventude. Foi julgado culpado e condenado a tomar um cálice de cicuta (veneno que causa paralisia e morte). Sócrates surpreendeu seus seguidores e amigos ao se recusar a fugir e aceitar a condenação, pois entendeu que, ao se esquivar dessa sentença, estaria negando suas próprias convicções.

Em uma analogia com esse momento histórico, não estaríamos nós "sentenciando à morte" todo o potencial do ser humano ao negligenciarmos o poder das perguntas e sempre buscarmos respostas fáceis para nossos dilemas?

Levando essa reflexão para o mundo corporativo, é evidente que não é tarefa fácil instigar questionamentos nas empresas, já que elas não foram estruturadas para isso. A predileção é sempre pela busca de assertivas que demandam menos complexidade e esforço, pois o objetivo central é controlar todas as variáveis do negócio.

Essa lógica mostrou-se bem-sucedida ao longo de séculos, uma vez que o ambiente empresarial era muito mais estável, previsível e lento. Como consequência dessa dinâmica, tomou forma um ambiente sem espaço para contestações ou questionamento. Esse comportamento era, muitas vezes, encarado como um traço de rebeldia e insubordinação, já que ameaçava o *statu quo*. Seus autores, ridicularizados, ficavam relegados às trevas em suas corporações.

A estrutura clássica das organizações, baseada em hierarquia formal e cadeia de comando, não ajuda em nada esse processo, visto que não há margem para questionamentos em um sistema constituído para aceitar práticas e procedimentos bovinamente. Essa dinâmica forjou líderes corporativos que, tais quais os poderosos de Atenas, sentiam-se ameaçados por perguntas que podiam expor sua ignorância.

A realidade é que esse modelo não se mostra adequado a um ambiente empresarial que favorece a velocidade, a flexibilidade e a colaboração.

Infelizmente, observamos que muitas empresas e líderes ainda não se deram conta dessa nova dinâmica dos negócios e continuam repetindo o modelo de outrora, como se nada estivesse acontecendo. Trata-se de uma nova modalidade de miopia empresarial em que é mais confortável manter o *statu quo* do que ter a coragem de se transformar.

O fato inconteste, no entanto, é que a velocidade das mudanças está atropelando o curso da humanidade. Empresas sucumbem a um ritmo jamais visto, o índice de rotatividade (*turnover*) de líderes corporativos nunca foi tão grande, e fortalece-se a convicção da mandatória necessidade da busca por novos caminhos e respostas originais para um contexto inédito.

Não há dúvidas sobre a relevância das perguntas nesse cenário.

Resgatando uma frase atribuída a um dos maiores inventores da história da humanidade, Albert Einstein: "Se eu tivesse uma hora para resolver um problema e minha vida dependesse da solução, eu gastaria os primeiros 55 minutos determinando a pergunta adequada a ser feita, porque, uma vez que eu soubesse a pergunta correta, poderia resolver o problema em menos de cinco minutos".

Mas, como é possível desenvolver essa habilidade? Como utilizar esse recurso para obter êxito no mundo empresarial? Quais são os caminhos dessa jornada?

Essas são as questões sobre as quais nos debruçaremos a partir do próximo capítulo, porém aqui vai um spoiler do que está por vir: como qualquer habilidade, é possível desenvolver a de fazer perguntas de maneira técnica e metodológica. Não faltam referências nem modelos que validam essa tese. Convidamos você para, a partir de agora, aprofundar-se nessa caminhada e retornar à tenra idade em que as perguntas eram mais relevantes do que as respostas.

1

A habilidade de fazer perguntas transformadoras em um mundo de rupturas

?

Imagine que você está em uma discussão estratégica em sua empresa. Um grupo de executivos está reunido para refletir sobre como resolver um problema crítico de seu negócio. Entre os participantes da reunião, existe o consenso de que a resolução desse desafio gerará resultados consistentes e relevantes para a corporação, sendo fundamental para sua sustentabilidade e seu sucesso futuro.

Adote um distanciamento desse encontro, observe essa dinâmica como um agente externo e faça a seguinte reflexão: quanto tempo os participantes levam para discutir as soluções possíveis e quanto tempo é utilizado para a formulação adequada do problema?

Não é necessário utilizar nenhum recurso metodológico de pesquisa mais sofisticado para concluir que, na maior parte dos rituais como esse, a parcela de tempo investida na busca da resposta é muitíssimo maior do que a parcela dedicada a entender claramente a dinâmica do desafio apresentado para o grupo.

No afã da geração de resultados rápidos, tornamo-nos aficionados por respostas prontas e abdicamos de compreender apropriadamente o desafio em questão. Os riscos desse comportamento são imensos e envolvem desde a falta de profundidade necessária para resolução de problemas complexos até uma perspectiva muito comum no ambiente empresarial: a elaboração de uma resposta correta, porém para a pergunta errada.

É incrível como essa dinâmica óbvia é negligenciada insistentemente. Se não há um entendimento profundo de todas as nuances do problema a ser resolvido, como será possível chegar a conclusões adequadas sobre determinado enunciado?

Considerando-se que o questionamento hoje é mais relevante do que no passado e será ainda mais importante no futuro, já que as condições do ambiente se alteram com velocidade e intensidade inéditas, é necessário romper essa dinâmica e entender que, para a obtenção de respostas melhores, é fundamental que se aprenda a fazer as perguntas certas.

A estrutura tradicional do ambiente corporativo, no entanto, não favorece essa orientação. Líderes medíocres encaram o incentivo ao questionamento como forma de ceder o poder – condição muito presente, sobretudo, em companhias em que a hierarquia é a unidade de comando essencial. Além disso, em boa parte dos seres humanos há um mecanismo que desperta uma motivação, por vezes até involuntária, rumo às respostas. Em geral, indivíduos buscam o gozo imediato e são resistentes a processos que levam mais tempo – mesmo aqueles que acarretam resultados mais consistentes.

Uma analogia que podemos utilizar para demonstrar essa tese é o sucesso explosivo dos medicamentos que proporcionam perda de peso rapidamente, sem que a pessoa adote uma rotina de exercícios físicos e altere sua qualidade de vida. É evidente que o processo mais consistente e sustentável de mudanças de hábitos que envolve, dentre outros fatores, a adoção de atividades físicas gera benefícios mais longevos; no entanto, demanda muito mais esforço e tempo para produzir resultados concretos. A busca pelo atalho na geração de resultados rápidos com economia de energia tem um apelo encantador, mas por fim se revela como o canto das sereias que ameaça a vida de Ulisses na *Odisseia*.

Podemos utilizar essa comparação na dinâmica corporativa com um elemento adicional: vivemos em um ambiente empresarial dirigido pelo tempo. Por vezes, dinâmicas orientadas a obter um melhor entendimento do problema a ser resolvido são encaradas como perda de tempo, e líderes autocráticos preferem que sua opinião seja adotada independentemente de ser a melhor alternativa.

No fim das contas, esse processo é tão penoso e envolve tantas variáveis a serem superadas que a maioria das pessoas prefere operar no piloto automático, economizando energia. A grande dificuldade é que, ao abdicar desse comportamento, você colocará em risco sua performance pessoal e, como consequência, a da organização que representa.

O jornalista estadunidense Warren Berger especializou-se em estudos focados no poder das perguntas e na importância de fazer questionamentos significativos. É autor de diversas obras relevantes sobre o tema. Em uma delas, intitulada *The Book of Beautiful Questions* [O livro das belas perguntas],[1] ele apresenta uma visão do que define como os "cinco inimigos do questionamento".

O primeiro inimigo é o **medo**. Retomando a abordagem que apresentamos na Introdução, desde a infância as crianças são obstinadas perguntadoras, porém ao longo da vida percebem que fazer muitas perguntas envolve riscos, pois são, sistematicamente, censuradas por professores, adultos e até mesmo outras crianças. Quando chegam à adolescência, percebem que fazer perguntas é admitir que não sabem de algo, expondo sua fragilidade. Na escola, o jovem muito questionador é reconhecido como o chato da turma. Na fase adulta, esse processo só se acentua, já que adultos não têm desculpa para não saber algo importante. Esse movimento ganha força na experiência empresarial, suscitando a convicção de que fazer perguntas significa que a pessoa não sabe realizar seu trabalho, atestando sua incompetência. Logo percebem que naquele ambiente, em geral, os indivíduos estão muito

---

1 BERGER, W. **The Book of Beautiful Questions**: The Powerful Questions That Will Help You Decide, Create, Connect, And Lead. Nova York: Bloomsbury Publishing, 2019.

mais inclinados e interessados em oferecer opiniões e dar conselhos do que questionar o *statu quo*. O medo torna-se mais forte do que o impulso e o desejo pela inquietude.

O segundo inimigo, por incrível que pareça, é o **conhecimento**. Quanto mais o indivíduo sabe, menos sente necessidade de perguntar. A realidade é que não sabemos tanto quanto pensamos que sabemos. Sobretudo no atual ambiente caracterizado por rupturas e transformações radicais, chega a ser de uma ingenuidade brutal ter essa perspectiva da sabedoria absoluta sobre si mesmo. Vamos retomar a frase clássica de Sócrates como ilustração dessa abordagem: "Só sei que nada sei".

O terceiro e quarto inimigos do questionamento – o **preconceito** e a **arrogância** – têm estreita relação com o segundo. O preconceito tende a limitar a mente e a bloquear a curiosidade, elementos essenciais para formular boas perguntas. Preconceitos, sejam eles conscientes ou inconscientes, conduzem as pessoas a assumirem respostas predefinidas e a adotarem crenças fixas, o que impede a abertura necessária para explorar novas ideias ou considerar perspectivas alternativas. Essa crença inibe a capacidade de questionar profundamente e investigar de maneira aberta e imparcial.

A arrogância, por sua vez, é a condição presente naqueles que têm a ilusória convicção de que possuem todo repertório necessário para lidar com todas as perguntas do mundo e não necessitam adotar esse recurso. A relação entre humildade e questionamento é interessante: se você não tiver o primeiro, provavelmente não valorizará o segundo. Em situações em que a arrogância se apresenta, as pessoas têm a inclinação, consciente ou inconsciente, de pensar e dizer coisas como: "Se eu ainda não sei, não pode ser tão importante".

O último inimigo do questionamento é o **tempo**, ou a suposta falta dele. Em um mundo onde a instantaneidade é uma constante e tudo está ao alcance de um clique, parece que simplesmente não temos tempo para questionar. Há tanta informação disponível e tantas respostas fáceis acessíveis que a sensação é de que não existe disponibilidade para destinar um período para reflexões mais profundas.

Essas estruturas, que atuam de modo interdependente, vão se sedimentando ao longo do tempo e compõem um terreno fértil para que o questionamento seja negligenciado e relegado a segundo plano. Para destravar essa armadilha, é necessário desenvolver estratégias propositivas que incentivem iniciativas concretas orientadas ao desenvolvimento de uma cultura que estimule o questionamento como recurso organizacional.

Assim como para qualquer mudança estrutural, o primeiro passo nessa jornada consiste em ampliar o nível de consciência de todos sobre a relevância desse mecanismo, mostrando seus benefícios de modo prático. E uma das formas mais potentes de despertar a atenção de um indivíduo para um assunto é correlacionando o tema com alguma demanda relevante de sua realidade. Utilizando tal estratégia para estimular seu interesse, podemos começar essa abordagem de convencimento pelo tempo.

O tempo é uma variável de expansão limitada. Mesmo que, muitas vezes, aparentemente nos falte esse entendimento, a quantidade de horas de um dia é predeterminada. Essa consciência nos leva à convicção de que é necessário utilizar esse recurso limitado de modo eficiente. Paradoxalmente, ao insistir na busca pela resposta a qualquer preço sem uma estratégia prévia, o indivíduo, a despeito da sensação de economia de tempo, pode estar fazendo mau uso de um de seus ativos mais preciosos, já que esse esforço não acarretará um resultado de impacto. A obstinação em fazer acontecer, sem refletir sobre as características do problema e abdicando do pensamento crítico e da investigação, pode levar a julgamentos precipitados e decisões rápidas em detrimento das melhores.

Existem evidências, no próprio ambiente empresarial, do potencial de utilização do tempo na adoção de um comportamento de inquietude e questionamentos. Seguramente, a agenda de Steve Jobs, fundador da Apple, quando estava vivo, não devia ser tranquila. É plausível supor que, em muitos momentos de sua trajetória, a quantidade de demandas fosse maior do que o tempo disponível para elas. Mesmo considerando esse padrão, Jobs era um dos maiores defensores do ato de fazer perguntas. Registros e testemunhos demonstram que, regulamente, o empreendedor utilizava esse recurso perguntando o porquê de tudo ao percorrer os vários departamentos da Apple.

Em uma de suas aparições mais conhecidas, em um discurso realizado em 2005 para formandos da Stanford University,[2] o empreendedor destacou a importância da curiosidade e da abertura de novos caminhos quando enfatiza a relevância de conectar os pontos para a construção de soluções originais. Quando ocorreu esse evento, Jobs já tinha conhecimento da gravidade de sua doença e da possibilidade de não ter muito mais tempo entre nós. No entanto, nem mesmo essa perspectiva da urgência do tempo o impediu de evidenciar a relevância de investi-lo no processo investigativo decorrente da inquietude e da curiosidade constantes.

Jobs era conhecido por ser um questionador obstinado de tudo, das práticas correntes de mercado às ideias de seus colaboradores, muitos dos quais eram alvos de um interrogatório desconstrutivo. Sua principal busca era por reimaginar e

---

[2] LEIA o discurso de Jobs aos formandos de Stanford. **Terra**, [s. d.]. Disponível em: www.terra.com.br/byte/internet/leia-o-discurso-de-jobs-aos-formandos-de-stanford,bc38d882519ea310VgnCLD200000bbcceb0aRCRD.html. Acesso em: 13 mar. 2025.

recriar a maneira como integramos a tecnologia em nossa vida cotidiana e, para atingir esse intento, ele se dedicava a fazer perguntas fundamentais.

Jobs era proponente e praticante do princípio Zen denominado *shoshin* ("mente de principiante"), que se traduz como uma atitude de abertura, curiosidade e falta de preconceitos. É como se o indivíduo visse ou experimentasse algo pela primeira vez, sem as limitações de conhecimentos prévios ou julgamentos.

Berger comenta que, em suas pesquisas, descobriu um hábito de questionamento semelhante entre muitos dos líderes empresariais altamente produtivos ou profissionais criativos estudados.[3]

No meio de agendas agitadas, esses indivíduos são capazes de encontrar tempo para fazer perguntas ponderadas a si mesmos e aos outros, especialmente quando enfrentam um novo desafio, iniciam um empreendimento ou estabelecem um novo relacionamento. A capacidade e a inclinação para manter uma abordagem destemida e de mente aberta de um questionador é parte do que os torna bem-sucedidos. Todos podem fazer o mesmo, obtendo maior eficiência no uso de seu tempo a partir de um foco maior no entendimento dos problemas a serem combatidos.

A chave para obter respostas melhores não consiste em fazer perguntas melhores?

O principal pensador da administração moderna, nossa maior referência intelectual em gestão, Peter Drucker, comentava que "a tarefa importante e difícil nunca é encontrar as respostas certas, e sim encontrar a pergunta certa".[4]

---

3 BERGER, W. *op. cit.*
4 DRUCKER, P. **Homem, ideias e ações políticas**. São Paulo: Elsevier, 2011.

Drucker, um perguntador obstinado, era um incansável pesquisador da realidade social e corporativa. Depois de estudar organizações e líderes por décadas, descobriu que líderes eficazes são exímios questionadores da realidade. Esses líderes sempre começam perguntando "O que precisa ser feito?". A partir daí, o próximo questionamento é "O que eu posso e devo fazer para promover a diferença?".

As perguntas transformadoras mapeadas por Drucker não paravam por aí. Esses líderes constantemente questionam: "Quais são a missão e os objetivos da organização? O que constitui desempenho e resultados nesta organização?". Esses indivíduos não têm medo do impacto desse processo junto a seus colaboradores e incentivam ainda mais reflexões, como: "O que, na minha organização, eu poderia realizar e, de fato, faria a diferença?" e, finalmente: "Como eu posso realmente dar o exemplo?".

Em ambientes em rápida mudança, os grandes prêmios vão para aqueles que elaboram questionamentos melhores e aprendem mais rápido. A variável tempo muda de significado quando seu resultado envolve a conquista de uma maior performance para a organização.

Outro grande pensador que reforça as evidências do potencial da adoção desse recurso nas organizações e que também o utiliza em suas pesquisas e estudos é Jim Collins. As perguntas, realizadas disciplinadamente e com métodos rigorosos, é a base para a concepção de seus achados apresentados em diversos best-sellers, como *Feitas para durar*, escrito com Jerry Porras,[5] e *Como as gigantes caem*.[6]

---

[5] COLLINS, J.; PORRAS, J. I. **Feitas para durar**: práticas bem-sucedidas de empresas visionárias. Rio de Janeiro: Alta Books, 2020.

[6] COLLINS, J. **Como as gigantes caem**: e por que algumas empresas jamais desistem. Rio de Janeiro: Alta Books, 2018.

Collins utiliza perguntas estratégicas para investigar as nuances da gestão empresarial e identificar padrões que levam ao sucesso ou fracasso de empresas. Em *Empresas feitas para vencer*,[7] o autor comprova que uma das características fundamentais das organizações que obtiveram mais sucesso do que seus pares do segmento é a capacidade de confrontar os fatos brutais da realidade e fazer perguntas. A essência desse comportamento é não abdicar de realizar questionamentos que gerem desconforto ou confrontem o *statu quo* por receio do impacto gerado por essas provocações na organização. Pelo contrário, deixar de incentivar essa reflexão produz um senso distorcido da realidade cuja interpretação é modelada pelas visões e agendas particulares de seus autores, muitas vezes aqueles que têm autoridade e ocupam os níveis superiores da hierarquia da empresa.

A necessidade de as empresas confrontarem a realidade de maneira objetiva e honesta também é um dos conceitos centrais do estudioso Sydney Finkelstein, professor da Tuck School of Business do Dartmouth College, autor da obra *Por que executivos inteligentes falham*.[8] A negação da realidade, a criação de narrativas distorcidas e a resistência à mudança são fatores que podem contribuir para a criação de um ambiente organizacional que gera as chamadas "empresas-zumbi".

Uma empresa-zumbi é a organização que cria uma cultura isolada que exclui sistematicamente qualquer informação que possa contradizer sua visão de mundo. Nessas organizações, os questionamentos são encarados como perda de tempo e um obstáculo à sua evolução, pois o que vale são suas verdades absolutas.

---

7 COLLINS, J. **Empresas feitas para vencer**: por que algumas empresas alcançam excelência... e outras não. Rio de Janeiro: Alta Books, 2018.

8 FINKELSTEIN, S. **Por que executivos inteligentes falham**: como solucionar problemas de tomada de decisões e de liderança. São Paulo: M.Books, 2007.

Finkelstein argumenta que muitas empresas desenvolvem esse tipo de cultura que prioriza a aparência em detrimento da substância, incentivando a autoenganação e uma imagem irreal. Essa dinâmica impede que as organizações identifiquem e resolvam problemas subjacentes, levando a um declínio gradual e consistente, sobretudo em um ambiente que se caracteriza por velozes e abruptas transformações. Há um descasamento entre a velocidade das mudanças internas e o ritmo das mudanças do ambiente externo.

A consequência é que as empresas-zumbi continuam operando, porém sem perspectivas de crescimento ou renovação, consumindo recursos ineficientemente e prejudicando a competitividade do setor.

Se o primeiro estágio para desenvolver um ambiente que favoreça o fomento dos questionamentos como fator de competitividade é incrementar o nível de consciência das pessoas sobre sua relevância, a segunda etapa (sem considerar aqui uma hierarquia de valor dessas fases) é estruturar uma cultura em que as perguntas ocupem lugar central no conjunto de crenças da organização.

Fomentando uma cultura questionadora

Cultura organizacional é um dos temas centrais de nossos estudos. Desde 2018 está presente em todas as nossas obras, porém com mais ênfase em *O novo código da cultura*,[9] livro em que exploramos esse sistema com profundidade e em todas as suas nuances. Recomendamos a leitura, se você desejar estudar com mais intensidade essa estrutura e seus reflexos no contexto empresarial.

---

[9] MAGALDI, S.; SALIBI NETO, J. **O novo código da cultura**: vida ou morte na era exponencial. São Paulo: Gente, 2019.

No que se refere ao tema central deste projeto, uma questão que deve estar na agenda de líderes empresariais é: como criar uma cultura que dê abertura e espaço para as perguntas.

Na realidade, a primeira questão que deve emergir é se, realmente, a organização deseja construir uma cultura com essas características. Afinal, muitas empresas adotam um sistema de crenças que é o extremo oposto dessa perspectiva, com uma estrutura que impede os questionamentos, encarados como distração.

Uma cultura extremamente focada em resultados de curto prazo, por exemplo, encara o tempo dispensado para as perguntas como um obstáculo à ação prática. Paradoxalmente, não importa se a direção tomada é incorreta. O que importa é se movimentar, pois esse estado oferece a percepção de que a organização está evoluindo.

Em geral, as empresas abominam a ambiguidade; querem lidar com respostas definitivas e únicas. Mesmo que cheguem a um ponto em que elas sabem que precisam de uma cultura mais questionadora, haverá resistência – até mesmo inconsciente –, pois, muitas vezes, seus líderes não estão dispostos a fazer o necessário para criar esse sistema.

Uma cultura questionadora, no entanto, é um atributo corporativo fundamental em um ambiente no qual a criatividade e a originalidade são essenciais no desenvolvimento de novas soluções e fomento da inovação.

As transformações do contexto atual colocam em xeque as empresas tradicionais, cujos modelos e estratégias vêm sendo atacados de modo agressivo e sistemático por novos competidores e soluções inéditas. A tecnologia habilita novas formas de competir e reestrutura segmentos inteiros cujas bases foram fundamentadas e se mantiveram estáveis por séculos. Sobreviver a esse ambiente considera a necessidade de construção de uma organização mais adaptável e flexível do que outrora.

Uma cultura que favorece o questionamento está inserida no contexto de uma cultura de aprendizado, característica de um sistema que, como demonstramos em *O novo código da cultura*, está presente nas organizações mais bem-sucedidas da contemporaneidade.

Há de se considerar, no entanto, que, a despeito de seus incontestes benefícios, o fomento ao questionamento como recurso organizacional reserva desafios relevantes no relacionamento interpessoal. Confrontar brutalmente os fatos envolve frieza e distanciamento das relações pessoais para que haja a imparcialidade e a autonomia mandatórias para o sucesso do sistema. Esse comportamento deve ser muito bem calibrado, pois pode resultar em atitudes menos cordiais e que obedeçam a pautas pessoais justificadas pela necessidade de questionar tudo e todos. Quando as pessoas em uma organização começam a questionar mais, o potencial para conflitos aumenta. Por isso, faz parte da estrutura de desenvolvimento de uma cultura de questionamentos educar as pessoas sobre questionamentos respeitosos e sem confrontos. Uma simples suavização do tom e das palavras pode sinalizar que uma pergunta está sendo feita com espírito de curiosidade, e não de combate.

O êxito nesse contexto requer que o sistema seja acompanhado e auditado continuamente e comportamentos inadequados, corrigidos diligentemente, já que não estão em linha com a essência de todo o processo – que visa, justamente, ao maior protagonismo e colaboração.

Uma cultura questionadora, base para o aprendizado, contribui para que a organização envolva mais e mais visões críticas em seu projeto. A maturidade do sistema gera um ambiente inclusivo, uma vez que a pergunta não pertence, exclusivamente, a quem a formulou, e sim a todos os envolvidos na reflexão.

Se há o desejo de incentivar uma cultura de investigação verdadeiramente inclusiva e generalizada, é imperativo reconhecer que todos são, ou têm potencial para ser, curiosos. Se for criado um ambiente estimulante e aberto e que convide à exploração e à investigação, é provável que todos nesse contexto tornem-se mais curiosos.

É natural que alguns indivíduos ainda sejam mais reticentes do que outros em expressar abertamente sua curiosidade. O questionamento pode estar relacionado a questões ligadas a poder e privilégios e envolve uma instância fundamental para seu fomento: o nível de confiança estabelecido no ambiente.

Se as pessoas não estiverem seguras de que seus questionamentos serão considerados de maneira imparcial, simplesmente não terão uma atitude proativa. O mais provável é que se acomodem e aceitem passivamente as decisões empresariais, mesmo que haja discordância ou o entendimento de pontos de melhoria.

Sempre é necessário retomarmos a tendência que organizações e indivíduos têm de manter o *statu quo* e o conformismo. Toda fricção que existir em qualquer dinâmica de mudança gerará movimentos conservadores de retorno ao modelo original (mesmo que, racionalmente, essa não seja a melhor opção). Por isso, segurança psicológica é um pressuposto fundamental para uma legítima cultura questionadora. Sem essa precondição, qualquer programa ou estímulo – mesmo os financeiros – está fadado ao fracasso. A segurança psicológica no ambiente empresarial pode ser definida como a confiança coletiva de que todos podem se expressar e agir sem medo de julgamento, represália ou constrangimento, em um espaço em que a vulnerabilidade é respeitada. Sem essa perspectiva, é inviável que uma cultura de questionamentos floresça.

Observe como o processo de desenvolvimento desse sistema de crenças de maneira mais ampla envolve múltiplas variáveis e um bom nível de complexidade. Não se trata apenas de desejar desenvolver uma organização em que as perguntas ocupem papel central em sua dinâmica, permeando as decisões e reflexões corporativas. É necessário construir, propositivamente, as bases para que esse comportamento se estabeleça como um comportamento corporativo.

Um bom líder *não* tem todas as respostas

Como não poderia ser diferente em movimentos com essas características, existe um agente fundamental e indispensável para o êxito dessa dinâmica que já foi citado por aqui inúmeras vezes: os líderes empresariais.

Está claro que os principais promotores de um comportamento de aversão às perguntas são os líderes corporativos, quando não desenvolvem um ambiente ou estruturas que favoreçam esse sistema. Como já exploramos anteriormente, por trás dessa insegurança existem diversos fatores, como medo, arrogância e preconceito. Se o líder de uma empresa não estiver, de fato, convencido da relevância desse movimento e não tiver disposição genuína para promover a mudança, ela não acontecerá.

Se por um lado, em uma época de mudanças rápidas, o líder que afirma ter todas as respostas é capaz de levar a organização ao precipício, os líderes mais visionários e proativos de hoje e de amanhã devem ser capazes de identificar e depois desafiar as suposições que podem estar limitando o potencial de uma equipe, de uma organização e talvez de um setor inteiro.

Atualmente, uma das demandas que ocupam o topo da agenda de líderes em suas organizações é a busca por insights inovadores. Infelizmente, essas ideias tendem a não surgir subitamente e, na falta de uma estrutura sistêmica, há uma imensa dificuldade em capturá-las, pois elas estão presentes de maneira pulverizada em toda malha de pessoas e conexões da organização.

Na obra *Leading with Questions* [Liderando com perguntas],[10] os autores Michael J. Marquardt e Bob Tiede citam um estudo realizado pelo NeuroLeadership Institute (NLI), uma consultoria de ciência cognitiva que reúne neurocientistas e especialistas em liderança, por seu cofundador e CEO, David Rock – também autor da obra *Your Brain at Work*[11] [Seu cérebro em ação]. Esse estudo aponta que insights criativos e fora da caixa não ocorrem em condições agitadas.

Segundo David Rock:

> Uma mente aberta é uma mente quieta. Insights tendem a envolver conexões entre vários neurônios. Um insight é frequentemente uma memória há muito esquecida ou uma combinação de memórias. Em outras palavras, insights são feitos de conexões mais fracas e menos perceptíveis. E como temos milhões de neurônios falando constantemente uns com os outros, só notamos os sinais mais altos. Então, insights são mais prováveis quando você consegue olhar para dentro de si mesmo e não se concentrar no mundo exterior; quando você se sente seguro o suficiente para "refletir" sobre pensamentos mais profundos e não se preocupar com o que está acontecendo ao seu redor por um momento.[12]

---

10 MARQUARDT, M. J.; TIEDE, B. **Leading with Questions**: How Leaders Discover Powerful Answers by Knowing How and What to Ask. Nova Jersey: Wiley, 2023.

11 ROCK, D. **Your Brain At Work**: Strategies For Overcoming Distraction, Regaining Focus, And Working Smarter All Day Long. Nova York: HarperBusiness, 2009.

12 MARQUARDT, M. J.; TIEDE, B. *op. cit.* p. 59.

O líder deve ter essa perspectiva clara tanto no que se refere ao seu comportamento pessoal, valorizando a introspecção e a reflexão derivada do olhar para si mesmo, quanto no que tange a valorizar e construir as bases de um ambiente em que esse comportamento seja viável para toda a corporação.

Ninguém saberá o bastante para dizer adequadamente às pessoas o que fazer, pois o mundo vem mudando muito rapidamente. Nenhuma pessoa pode dominar todos os dados necessários para abordar as questões complexas que confrontam as organizações de hoje. O líder deve promover essa premissa de modo otimista, explorando todo o potencial de um ambiente no qual tudo está em aberto.

A valorização desse comportamento envolve a crença na potencialidade de cada indivíduo de sua equipe. É imperativo combater o comportamento de líderes que tentam fazer as pessoas se sentirem irrelevantes, que são apenas um número, um recurso organizacional indiferenciado e abundante. Esse pensamento é oriundo de um pensamento que vigorou há séculos e que não faz mais nenhum sentido em um contexto que demanda a geração de ideias e soluções originais.

A mudança de comportamento do líder deve se refletir tanto em suas relações interpessoais com a equipe quanto na estruturação da cultura que promova o questionamento e que, como consequência, gerará um ambiente saudável e potente.

O importante sobre liderança não é apenas o que acontece quando o líder está presente, mas, sobretudo, o que acontece quando ele *não* está presente. Tal condição se acentua no contexto do trabalho virtual, com cada vez mais pessoas espalhadas pelos quatro cantos do mundo; o modo de gestão difere daquele em que toda a equipe fica unida presencialmente.

A cultura de questionamentos contribui para aumentar o protagonismo de todos em uma equipe. Ao incentivarem e realizarem perguntas que geram inquietude, líderes contribuem para que as pessoas descubram, por si mesmas, o que é importante para elas ao fazerem o que é necessário para a organização.

Esse processo de descoberta melhora sua autoconfiança e autoestima, capacitando-as no processo. Ao mesmo tempo, elas assumem a propriedade da solução porque participaram do desenvolvimento dela, incrementando o nível de engajamento de todos.

Líderes que se pautam na geração de respostas sem promover uma reflexão prévia estão impondo sua perspectiva pessoal de maneira autocrática e tendem a criar uma equipe de seguidores passivos aos seus desejos.

Importante salientar que não se trata de defender uma visão que relegue a autoridade desse agente a segundo plano. Pelo contrário, ao estimular sua equipe na geração de perguntas, esse líder terá mais informações e referências para tomar as melhores decisões. Não necessariamente essas definições serão unânimes, já que multifatores tendem a estar presentes em resoluções críticas; porém, quando, mesmo em uma dinâmica com esse perfil, outras pessoas são envolvidas e têm seus pontos de vista considerados, a tendência é que se sintam parte do processo e se engajem em suas resoluções mais proativamente.

O líder deve também atuar como educador, visto que é sua responsabilidade ensinar e treinar seus colaboradores a pensar mais estrategicamente e a fazer perguntas mais profundas. Só mesmo esse agente tem a possibilidade de tirar as pessoas da rotina do dia a dia do negócio e da forte pressão por resultados de curto prazo para propiciar momentos orientados a reflexões mais profundas e estratégicas. A excessiva pressão pela geração de retornos imediatos tende a excluir o comportamento de questionamento da equação.

Em *Questions Are the Answer* [Perguntas são a resposta], de Hal Gregersen, é citado um pensamento de Mark Weinberger, ex-CEO Global da Consultoria EY, que provoca essa reflexão sobre o papel do líder principal da organização:

> Espera-se que os CEOs tenham as respostas – e obviamente eles precisam ter algumas respostas. Mas às vezes não é fácil para outras pessoas perceberem que um de seus maiores trabalhos, na função de CEO, é fazer as perguntas. [...] O líder não pode fazer as pessoas sentirem que ele acha que elas estão erradas se não conseguem responder o que está sendo perguntado. Esse não pode ser o propósito da pergunta. O verdadeiro propósito é ajudá-las a pensar diferente.[13]

Cabe um destaque na visão "[...] um dos maiores trabalhos, na função de CEO, é fazer as perguntas". Como demonstramos anteriormente, está claro que os melhores pensadores, líderes e empreendedores estratégicos se distinguem na maneira como abordam suas decisões, nos tipos de perguntas que eles fazem e em seu modo de questionar.

Se em uma organização todos pensarem como todo mundo, muito possivelmente esse sistema estará concentrado em uma faixa média de conhecimento. Extrapolando essa visão para o ambiente externo, se não houver diferenciação desse repertório em relação ao conhecimento médio do setor, provavelmente essa empresa não terá condições de liderar novas soluções ou promover ideias originais que lhe confiram uma vantagem competitiva relevante. Em síntese, será uma organização mediana.

---

13 GREGERSEN, H. **Questions Are the Answer**: A Breakthrough Approach to Your Most Vexing Problems at Work and In Life. Nova York: HarperBusiness, 2018. p. 30.

Evidencia-se, dessa forma, o papel do líder como agente fundamental por zelar pela competitividade e pela sustentabilidade da companhia. Acomodar-se com a média de mercado é namorar a mediocridade que muitas vezes reina absoluta em empresas e segmentos inteiros.

Como um líder pode desenvolver uma cultura questionadora?

Na já citada obra *The Book of Beautiful Questions*, Warren Berger oferece sugestões valiosas que podem construir uma cultura poderosa de aprendizado e questionamento:

- Comece no topo. A cultura questionadora deve começar com os líderes mais seniores, que modelam o uso frequente de boas perguntas;
- Crie um ambiente que permita que as pessoas desafiem o *statu quo*, assumam riscos e façam mais perguntas. Reconheça que muitas práticas, políticas e procedimentos padrão não são mais valiosos para a empresa – se é que algum dia já foram;
- Conecte os valores e processos da organização ao uso de perguntas;
- Otimize as oportunidades de fazer perguntas inserindo questionamentos em todas as atividades comerciais, incluindo reuniões formais e informais, ligações de vendas, conferências com clientes ou apresentações;
- Recompense e valorize os questionadores, promovendo a tomada de riscos e tolerando erros;
- Ofereça treinamento para que as pessoas se tornem melhores e mais confortáveis em fazer perguntas.

A realidade é que pouco nos preparamos para um ambiente de valorização das perguntas. A maioria de nós não entende realmente como as perguntas funcionam – ou como fazê-las trabalharem para nós.

São raros os estudos ou cursos que ensinam como questionar estrategicamente, como desenvolver uma escuta ativa ou como usar as perguntas como uma ferramenta poderosa para sermos bem-sucedidos no que realmente queremos conseguir.

Se você quer respostas, tem que fazer perguntas

Parece simples, mas não é. Fazer a pergunta certa, na hora certa, para a pessoa certa – e saber o que fazer com a resposta – exige pensamento, habilidade e prática. As perguntas podem resolver problemas. Podem mudar vidas. Elas chegam a influenciar a História.

Se observarmos grandes acontecimentos que resultaram em progressos relevantes, notaremos que grande parte do processo foi derivado da inquietude de perguntas transformadoras. Na Revolução Científica (séculos XVI e XVII), cientistas como Galileu Galilei, Isaac Newton e René Descartes desafiaram a visão tradicional do mundo e começaram a fazer perguntas que transformaram nossa compreensão da Física, da Astronomia e da Filosofia. Galileu, por exemplo, questionou a ideia de que a Terra era o centro do Universo, e suas perguntas levaram a descobertas que mudaram nossa visão do Cosmos.

Mais adiante, a pergunta "podemos alcançar o espaço?" motivou uma corrida espacial entre os Estados Unidos e a União Soviética, resultando, em 1969, na chegada do homem à Lua. Essa curiosidade foi o impulso para explorar além das fronteiras terrestres, desencadeando avanços tecnológicos significativos que beneficiaram diversas áreas da ciência e da tecnologia.

Nos negócios, não é diferente. Dominar essa estrutura lhe permitirá entender a essência de qualquer organização e, a partir daí, refletir sobre seu crescimento e sua sustentabilidade de maneira única e potente. Muitas vezes não nos damos conta de como esse sistema está presente em nosso dia a dia corporativo. Ao analisarmos as organizações mais longevas e bem-sucedidas, identificamos essa dimensão tanto em sua busca por diferenciação e obtenção de vantagem competitiva quanto na forma como definem sua razão de ser: seu propósito, sua visão de mundo.

No próximo capítulo, veremos como organizações que se tornaram referências no ambiente empresarial – como Netflix, Uber e Airbnb – surgiram de perguntas inquietantes e como essa estrutura está intrinsecamente relacionada com a competitividade e a consequente sustentabilidade longeva da organização.

2

As perguntas que garantem a sustentabilidade de um negócio

?

"**A mera sobrevivência é uma aspiração medíocre para uma empresa.**"[14] Essa é uma das sentenças mais poderosas de um dos textos mais relevantes e impactantes da história dos negócios: "Miopia em Marketing", do economista Theodore Levitt.

Publicado em 1960, esse artigo é de uma atualidade assustadora. "Apenas" essa sentença já justifica a estratégia de adoção das perguntas como forma de levar a organização a outro patamar gerando a inquietude necessária para se desvencilhar do *statu quo*. Afinal, uma empresa que para de incentivar as perguntas tende a não evoluir ou progredir lenta e organicamente, posto que crê que seu conhecimento atual lhe basta para ser competitiva e longeva. Ledo engano!

Levitt acreditava que, na verdade, não existe nenhum setor fadado à rápida expansão. O que existe são companhias organizadas e dirigidas a aproveitar as oportunidades de expansão geradas em seus mercados. Essa intencionalidade é o que faz a diferença no crescimento sustentável de uma organização, e não qualquer efeito externo.

No entanto, a crença da necessidade de maior protagonismo e estruturação para atingir patamares de crescimento mais ambiciosos não estava presente na maioria das organizações estudadas pelo autor – o que revela que há um ciclo autoilusório, por vezes despercebido,

---

14 LEVITT, T. Marketing Myopia. **Harvard Business Review**, jul.-ago., 2004. [Originalmente publicado em jul.-ago., 1960]. Disponível em: https://hbr.org/2004/07/marketing-myopia. Acesso em: 13 mar. 2025.

nas empresas que morreram ou estão em estado de decomposição (atualmente, esse processo é cada vez mais rápido e curto).

Levitt aponta quatro crenças dominantes nesse ciclo de autoilusão:

1. **A crença de que o crescimento é garantido pela expansão natural de seus mercados:** empresas presumem que o crescimento populacional inevitavelmente levará ao crescimento da demanda por seus produtos. Essa suposição faz com que não se esforcem o suficiente para inovar ou criar mercados, pois creem que sempre haverá novos clientes disponíveis.
2. **A crença de que não há substituto competitivo para o principal produto da empresa:** empresas acreditam que seu produto é tão singular que nunca perderá relevância. Essa autoconfiança faz com que ignorem potenciais concorrentes ou novas tecnologias que possam substituir seu produto.
3. **A confiança excessiva na produção em massa e na redução de custos:** empresas se concentram em aumentar a eficiência e a produtividade, acreditando que a produção em massa é suficiente para manter sua competitividade. No entanto, isso pode levar à complacência em relação às mudanças nas necessidades dos consumidores.
4. **A preocupação com a inovação técnica, não com a satisfação do cliente:** empresas focam intensamente a melhoria técnica de seus produtos, sem observar se essas inovações realmente atendem aos desejos ou problemas dos clientes. Isso acarreta produtos tecnicamente avançados, mas que podem não ter apelo no mercado.

Mais uma vez, vale a pena reiterar o quão visionário foi Levitt com essa perspectiva, já que esses fatores, definidos há mais de seis décadas, estão mais presentes do que nunca, e sua relevância é vital em um ambiente de rápidas e profundas transformações como o atual. Se em 1960 já havia uma preocupação quanto às mudanças do ambiente, imagine hoje, quando a cada dia emergem novas tecnologias que mudam drasticamente as regras do jogo? Esse comportamento dominante nas organizações as faz abdicarem do hábito de promover perguntas transformadoras que geram inquietude e, como consequência, sedimentam um sistema estruturado para o conformismo.

Com o tempo, uma ou mais das questões do ciclo da autoilusão contagiam toda a organização, que, por vezes inconscientemente, refuta novas perspectivas por antagonizarem com as crenças estabelecidas (e são poucos os dispostos a sair da zona de conforto e confrontar a ordem vigente).

Isso foi reforçado há décadas por um contexto caracterizado por mercados expansionistas impulsionados pelo aumento da demografia e pelo baixo nível de competitividade. Um mercado em expansão faz com que empresas e líderes não tenham de se preocupar muito com transformações ou usar sua imaginação.

Nada mais distinto do que o contexto atual, em que a demografia global se encontra em fase declinante e o nível de concorrência, acelerado pela tecnologia, atinge patamares inéditos na trajetória empresarial.

Curiosamente – ou até dramaticamente –, a história já nos dá demonstrações inequívocas dos riscos dessa acomodação mesmo em anos longínquos, como a jornada clássica apresentada por Levitt da derrocada da Indústria Ferroviária nos anos 1950.

No início do século XX, as ferrovias eram o orgulho da inovação industrial, símbolo de progresso e poder econômico. Trens cortavam países inteiros conectando cidades, impulsionando o comércio e transformando a maneira como as pessoas se moviam pelo mundo. Nos Estados Unidos, as ferrovias contribuíram para a unificação cultural do país, possibilitaram o crescimento de novas cidades e mercados e foram vitais para a evolução e o fortalecimento daquele que viria a se consolidar como um dos maiores impérios econômicos da história da humanidade. A indústria ferroviária foi símbolo de progresso, modernização e inovação durante a Era Dourada americana.

Mas a história da indústria ferroviária não é só de glória, é também um alerta poderoso sobre o risco da acomodação com o sucesso, distraindo-se da visão essencial de como uma empresa cria valor. Ao analisar o declínio de todo o setor, que começou nos anos 1920 (com o surgimento dos automóveis, da aviação comercial e das grandes rodovias) e teve seu ápice na década de 1950, Levitt aponta que a queda das ferrovias não aconteceu porque as pessoas pararam de viajar ou de enviar mercadorias. Pelo contrário, esse fluxo só aumentou com a expansão dos mercados em geral.

O problema real foi o foco estreito dos líderes do setor, que acreditavam estar no "negócio ferroviário", quando, na verdade, deveriam ter percebido que estavam no "negócio de transportes" – ou, analisando de modo mais abrangente, no negócio de mobilidade. Essa distinção pode parecer simples, mas carrega implicações profundas.

Qual é seu negócio?

Levitt propõe uma pergunta que deveria estar no centro da discussão estratégica de toda organização: *"What business are you in?"* [Qual é seu negócio?].

Não há dúvidas de que essa é uma das perguntas mais relevantes do mundo dos negócios, pois seu alcance transcende as questões racionais do produto ou serviço que a organização oferece ao mercado, desafiando-a a reconsiderar sua própria razão de existir sob a ótica das necessidades que atende, e não apenas das soluções que entrega.

Para as ferrovias, o erro foi definir o negócio em termos de trilhos e locomotivas, em vez de enxergar a missão mais ampla de facilitar a mobilidade das pessoas e a circulação das mercadorias. Essa visão fez com que novos concorrentes fossem ignorados, subestimando o potencial das indústrias automobilística e aérea. A consequência foi que as organizações desse setor nascente, aproveitando o comodismo das líderes tradicionais, aceleraram sua expansão e conquistaram espaço com soluções mais modernas e ágeis.

Pense nisto: as ferrovias investiam obsessivamente em eficiência técnica, aperfeiçoamento das máquinas e redução de custos. Mas, no fim, não importa o quão moderna seja uma locomotiva se a forma como atende às expectativas de seus clientes é inferior às soluções alternativas. Não é uma discussão, eminentemente, sobre as características intrínsecas da oferta, e, sim, sobre como atender de maneira superior às demandas do cliente com essa oferta.

Era a necessidade de mobilidade que estava em jogo, não o quanto uma linha férrea poderia ser otimizada. E é exatamente essa desconexão que Levitt expõe com sua pergunta provocativa. Ele faz um convite a uma reflexão profunda e necessária: estamos focados no que realmente importa ou cegos pela perfeição do que fazemos?

Esse caso é uma representação emblemática do risco que líderes de organizações correm ao se apaixonarem por um produto ou serviço a ponto de perderem de vista o cliente. O que mantém uma empresa competitiva não é apenas sua excelência técnica, mas a relevância contínua em satisfazer necessidades humanas. E isso, sem dúvida, exige coragem para pensar além das trilhas que já conhecemos.

Note o paradoxal risco do sucesso que extraímos desse caso que funciona como metáfora para entendermos uma dinâmica dominante no ambiente empresarial: quando uma organização obtém êxito, tende a se acomodar com os louros da vitória. Embriagada pelos estímulos de suas conquistas, o mais provável é que a organização estabeleça um conjunto de crenças para fortalecer seu crescimento repetindo as dinâmicas e os comportamentos instituídos ao longo de sua jornada, já que "foi esse modelo que me trouxe com sucesso até aqui". A consequência costuma ser o desenvolvimento de uma miopia que a impede de vislumbrar novas ameaças de mercado e aproveitar oportunidades inéditas. A empresa deixa de fazer perguntas inquietantes sobre seu negócio.

E o caso da indústria das ferrovias não é o único a fortalecer essa tese. A indústria do petróleo é outro exemplo clássico da miopia que Theodore Levitt expõe em seu artigo.

Na época em que o texto foi escrito, as grandes empresas petrolíferas se viam como parte de um negócio aparentemente intocável e sem riscos de substituição: o fornecimento de petróleo e derivados. Essas robustas e sólidas organizações se concentravam em explorar reservas, construir infraestruturas gigantescas de refinamento e otimizar a logística de distribuição. Tudo girava em torno da eficiência técnica e do controle de custos, com pouca atenção voltada às tendências emergentes no comportamento dos consumidores ou para os avanços tecnológicos que poderiam mudar o cenário energético.

O erro fundamental? Assim como as ferrovias, a indústria do petróleo estava respondendo a uma definição muito restrita do que fazia. Ela se via como parte do "negócio do petróleo", quando, na verdade, era participante de um setor mais amplo: o "negócio da energia". Essa visão míope impediu as empresas petrolíferas de investirem e se posicionarem de maneira antecipada em outras formas de energia que estavam começando a despontar, como a energia solar, eólica ou mesmo alternativas como o gás natural, que prometiam atender às crescentes demandas por soluções energéticas mais sustentáveis e limpas. (Observe que esse texto se refere a um fenômeno dos anos 1950–1960. Concorda que essa reflexão é mais atual do que nunca?)

Durante décadas, as gigantes da energia – conhecidas como "*Big Oil*" – dominaram a economia global com uma influência inquestionável. Dos anos 1960 até o final do século XX, suas redes de produção, distribuição e comercialização eram a espinha dorsal do progresso industrial e da mobilidade mundial. Seus lucros eram astronômicos, seus nomes estampavam rankings globais de poder, e suas decisões ditavam os rumos de nações inteiras.

Mas os ventos mudaram. Nos anos 2000, com o advento de tecnologias mais limpas, a emergência de fontes renováveis e a crescente pressão por responsabilidade ambiental, a base dessa hegemonia começou a rachar. O mundo passou a fazer perguntas incômodas. Por que continuamos dependentes de combustíveis fósseis? Como equilibrar crescimento econômico e sustentabilidade? As respostas exigiam transformações profundas – e nem todas as empresas tradicionais do setor estavam preparadas para esse salto.

Os números confirmam essa mudança. Em 2023, a produção de petróleo representava apenas 2,3% do PIB global, uma queda significativa em relação à média de 4,5% dos anos 1970. Enquanto isso, os colossos tecnológicos assumiram o protagonismo. Empresas como Apple, Microsoft e Amazon ultrapassaram, em valor de mercado, gigantes do petróleo como ExxonMobil e Chevron. A Saudi Aramco, que ainda detém um valor impressionante de 1,8 trilhão de dólares (dados de 2024), não ocupa mais a posição solitária de destaque que já teve.

As empresas de petróleo ainda têm papel relevante a desempenhar. Muitas delas estão investindo em energias renováveis, tecnologias de captura de carbono e soluções sustentáveis. Mas o caminho agora é mais desafiador.

Imagine se essas organizações refletissem sobre "qual é seu negócio" nos anos 1960? Responder a essa pergunta de maneira ampla e estratégica poderia ter evitado a perda de oportunidades e o risco de obsolescência. A preocupação exclusiva com a exploração e o refino de petróleo as deixou vulneráveis às mudanças no mercado, às pressões ambientais e aos avanços das energias renováveis.

Uma reflexão mais profunda sobre seus negócios poderia ter mudado a forma como investiam em pesquisa, como diversificavam suas ofertas e como respondiam às demandas de um mundo cada vez mais consciente dos impactos ambientais. Tudo isso veio a acontecer, mas apenas depois dos anos 2000 – mais de quarenta anos após a análise de Levitt.

O destino das *"Big Oil"* é um alerta para todos os setores: a capacidade de se manter relevante não depende apenas de responder às demandas do presente, mas de formular perguntas que nos levem a construir o futuro.

Mais uma vez, resgatamos a perspectiva central do pensamento de Levitt: todo setor de atividade importante já foi em alguma ocasião um "setor de rápida expansão". O desenvolvimento de uma organização é ameaçado, retardado ou detido não porque o mercado está saturado, e, sim, porque houve uma falha administrativa.

Mais que um produto, uma experiência

O poder da reflexão derivada dessa pergunta inquietante (qual é seu negócio?) não está presente apenas no registro histórico da jornada empresarial de organizações de outrora. Seu alcance pode ser percebido na evolução de organizações que conquistaram espaço relevante no atual contexto corporativo (a despeito dos altos e baixos que fazem parte da trajetória de qualquer empresa).

A Nike é um exemplo instrutivo do potencial de adaptação de uma organização a partir do questionamento sobre em qual negócio está inserida – e também dos desafios de preservar essa essência ao longo dos anos.

A companhia foi uma das precursoras no estímulo à corrida como forma de exercício físico democrático e popular. A partir dos anos 1970, nos Estados Unidos, milhões de indivíduos optaram por esse esporte (estima-se que houve o ingresso de mais de 25 milhões de americanos na prática nesse período).

Consistentemente, fatores como a maior preocupação com saúde física, a alta acessibilidade do esporte, a proliferação de eventos de corrida e a formação de grupos de corredores fizeram com que a prática se estabelecesse como uma das favoritas de boa parte da população. A Nike incentivou esse movimento por meio de seus produtos e da ampla promoção do esporte patrocinando diversos eventos esportivos e clubes de corrida que incentivaram a participação popular.

Com o tempo, ao acompanhar a jornada de seus clientes, a empresa percebeu que, devido ao avanço tecnológico, começaram a emergir equipamentos que complementavam suas experiências com a corrida. A Nike compreendeu que os corredores que adquiriam seus tênis estavam lidando com diversos *gadgets* para melhorar sua experiência – monitores cardíacos, tocadores de música etc.

Entendendo que seu negócio vai além da comercialização de calçados, a empresa iniciou uma jornada a fim de aprimorar a experiência do cliente indo além do seu produto essencial – no caso, o tênis. Uma das estratégias mais relevantes com essa orientação foi o lançamento, em 2006, do Nike+ Running em parceria com a Apple. O aplicativo permitia que corredores monitorassem suas atividades físicas integrando, inicialmente, o iPod Nano – e, posteriormente, os *smartphones* em geral – ao sistema de rastreamento. Em agosto de 2016, o aplicativo foi reformulado e renomeado para Nike+ Run Club, introduzindo novos recursos e uma interface aprimorada para melhor atender às necessidades dos corredores. Atualmente, o aplicativo oferece, além das funcionalidades originais, a possibilidade de o usuário desenvolver planos de treinamento personalizados ajustando-os conforme seu progresso individual; corridas guiadas por áudio de treinadores e atletas renomados; integração com diversos dispositivos, como *smartwatches* (os "relógios inteligentes"), dentre outros serviços que vão muito além dos ofertados por uma organização cujo foco exclusivo é a comercialização de tênis esportivos.

A empresa não divulga os números de usuários, mas apenas no Google Play o Nike+ Run Club soma mais de 10 milhões de downloads. Em 2016, a empresa informou que os usuários registraram aproximadamente 4 bilhões de quilômetros corridos e mais de 450 milhões de horas corridas.[15]

A expansão dessa estratégia só foi possível graças ao entendimento de que o negócio da empresa está mais relacionado à experiência do cliente com seus produtos do que às características intrínsecas desses produtos. É relevante, inclusive, entender que essa pergunta é mutável. Ou seja, se questionarmos a Nike sobre qual é seu negócio, a resposta mudará constantemente.

Entretanto, ao que tudo indica, a mesma organização que se transformou à luz dessa perspectiva, nos anos recentes perdeu a capacidade de entender sua essência. Definitivamente, a Nike não está em uma boa fase. Nos últimos anos, tem sido

---

[15] TOTTI, I. Números interessantes do aplicativo gratuito Nike+ Run Club. **Corrida Informa**, 26 ago. 2016. Disponível em: https://corridainforma.com.br/numeros-interessantes-do-aplicativo-gratuito-nike-run-club/. Acesso em: 21 mar. 2025.

alvo de constantes críticas de clientes, parceiros e analistas em geral por sua pouca capacidade de inovação e mudanças questionáveis na estratégia. Em junho de 2024, após a divulgação de resultados financeiros abaixo das expectativas, suas ações caíram 20%, resultando em uma redução de aproximadamente 27 bilhões de dólares em seu valor de mercado. Essa foi a maior queda percentual em um único dia desde que a empresa abriu capital em 1980.[16]

Buscando uma recuperação, a empresa substituiu seu CEO, John Donahoe, em outubro de 2024, e o grande mantra é resgatar a essência da companhia para reconquistar a confiança de todos os agentes de seu ecossistema visando a uma retomada nos resultados financeiros. Uma evidência desse movimento é que o novo CEO, Elliot Hill, foi estagiário da companhia e atuou durante trinta anos em seus quadros até atingir a posição de diretor (estava afastado da organização e foi convidado a retornar para contribuir para esse novo desafio).

Pense diferente

O entendimento da essência do negócio é fator fundamental para preservar sua evolução sem perder o foco nos valores centrais da companhia. As perguntas nunca devem parar de ser estimuladas, já que as respostas mudam constantemente. No eixo central dessa reflexão, no entanto, sempre deve estar a clara visão de qual é o negócio da organização, seus fundamentos centrais, sua síntese.

Não parece à toa que a principal parceria e parte fundamental para viabilização do projeto inicial com a Nike tenha sido a

---

[16] JUST SELL it: Nike perde $27 bilhões em um único dia. **The Investor**, abr. 2024. Disponível em: https://theinvestor.com.br/mercados/2024/07/05/just-sell-it-nike-perde-27-bilhoes-em-um-unico-dia/?utm_source=chatgpt.com. Acesso em: 21 mar. 2025.

Apple. A mente de principiante, adotada e promovida por Steve Jobs, sempre esteve presente na trajetória da organização (pelo menos, nos momentos em que seu fundador estava no negócio) e incentivou uma mentalidade que torna necessário colocar de lado toda a história vivida e tudo o que já deu certo no passado da empresa, para fazer perguntas a partir de uma perspectiva completamente nova.

Esse caso já foi extenuantemente explorado em diversas obras de nossa autoria, porém sempre existe um ângulo novo e relevante a ser evidenciado na saga de uma das empresas mais icônicas de toda a jornada empresarial.

Em sua história, a organização sempre buscou definir-se não pelo que faz, e, sim, por como pode proporcionar uma experiência superior a seus clientes por meio de seus produtos ou serviços. Quando foi fundada, em 1976, a empresa era focada na fabricação de computadores pessoais, como o Apple I. Desde então, evoluiu para se tornar uma das maiores e mais influentes empresas de tecnologia do mundo, ampliando seu portfólio com produtos icônicos, como iPod, iPhone, iPad e MacBook.

Desde o início de sua jornada, a Apple entendia que não era uma empresa de computadores, mas sim uma organização que desafiava o *statu quo* desenvolvendo alternativas mais simples para que indivíduos atinjam seus objetivos. Essa sempre foi sua essência, seu propósito central.

Em 2007, a empresa resolveu mudar sua razão social de Apple Computer, Inc. para Apple Inc., a fim de refletir o fato de ser mais do que apenas uma empresa de computadores. A mudança não foi prática; foi filosófica e responde, justamente, à reflexão sobre qual é o verdadeiro negócio da organização. A partir do momento que revolucionou os setores de música, telefonia, fotografias, aplicativos e outros, ficou claro que o termo "*computer*" [computador] não expressava sua ambição e seu modelo de criação de valor.

Se a empresa, como aconteceu com tantas outras do setor, não tivesse um entendimento claro de seu negócio, talvez continuasse relevante no segmento de computadores, porém, seguramente, não teria o alcance que conquistou sendo alçada ao posto de uma das mais valiosas empresas do mundo.

É imperativo entender, no entanto, que a introdução desse sistema de pensamento em empresas tradicionais não é trivial ou simples; na realidade, envolve desafios pra lá de relevantes. Resgatando o exemplo das ferrovias de Levitt, mesmo depois do advento dos automóveis, caminhões e aviões, os magnatas das estradas de ferro permaneciam imperturbavelmente seguros de si. Se no auge alguém lhes dissesse que em trinta anos estariam arruinados, implorando por subvenções do governo, pensariam estar falando com um louco completo.

Qual é o trabalho que seu cliente deseja realizar?

A formação de uma companhia com eficiente orientação para o cliente exige muito mais do que boas intenções ou truques promocionais; exige o conhecimento profundo de questões de organização humana e liderança. Exige uma mentalidade coletiva que valoriza essa dimensão entendendo que ela deve estar no centro do processo de criação de valor da companhia.

A relevância de uma empresa, por maior que seja, não está garantida em um mundo que se reinventa diariamente. Pensar de maneira ampla, com foco nas necessidades dos clientes, e não apenas na especificidade de sua oferta, é um dos fatores centrais que separam as organizações que se adaptam e prosperam das que ficam pelo caminho.

É por isso que uma pergunta subjacente, que atua de modo integrado ao entendimento de qual é o negócio da organização, tem relação íntima com o cliente e foi sintetizada por Peter Drucker primorosamente na obra *Inovação e espírito empreendedor*:[17] "Qual é o trabalho que seu cliente quer que seja feito e que influencia sua decisão de gastos?".

Esse enunciado é a tradução do conceito popularizado pelo autor como *"jobs to be done"* [trabalhos a serem realizados] ou, simplesmente, o JTBD, acrônimo pelo qual ficou conhecida essa tese no ambiente empresarial.

Se o leitor desejar se aprofundar no tema, recomendamos a leitura de nosso livro *Estratégia adaptativa*,[18] no qual destinamos um capítulo inteiro a ele, apresentando inclusive sua linha do tempo até conquistar a relevância atual.

A base desse conceito está centrada na perspectiva de que a única razão para a existência de uma organização é o cliente. Como nos ensinou Drucker há mais de quarenta anos: "O propósito de uma empresa é criar um cliente... O único centro de lucro é o cliente".[19]

Ao longo dos anos, no entanto, devido ao já citado baixo nível de competitividade e a uma demanda cuja tendência era ser maior do que a oferta, a orientação ao cliente se restringia a uma visão relativa à qualidade do atendimento ou a temas correlatos.

O conceito do JTBD é muito mais profundo que essa perspectiva e envolve a convicção de todos de que a organização é um organismo destinado a atrair e atender às demandas de seus clientes de modo superior a como eles atendem atualmente. Em

---

17 DRUCKER, P. **Inovação e espírito empreendedor**: práticas e princípios. São Paulo: Cengage Learning, 2016.

18 MAGALDI, S.; NETO, J. S. **Estratégia adaptativa**: o novo tratado do pensamento estratégico. São Paulo: Gente, 2020.

19 DRUCKER, P.; HESSELBEIN, F.; KUHL, J. S. **Peter Drucker's Five Most Important Questions**: Enduring Wisdom for Today's Leaders. Hoboken (Nova Jersey): John Wiley & Sons, Inc., 2015. p. 23.

síntese, a empresa deve aprender que sua função primordial não é a produção de bens ou serviços, mas a aquisição e a fidelização de clientes, a realização de iniciativas que levarão as pessoas a desejarem se conectar a essa organização sustentavelmente ao longo dos anos.

Para articular a visão de JTBD, podemos recorrer a três perguntas essenciais que Peter Drucker sugere sobre o tema:

1. Quem é seu principal cliente?
2. Quem são seus clientes de apoio?
3. Como esses clientes mudarão?

Essas questões contribuem para entender o comportamento desses agentes e chegar à reflexão essencial sobre qual é o trabalho que esses clientes realizam e que influenciam suas decisões de gastos.

Integrar a visão do cliente à visão essencial de qual é seu negócio lhe permite ter uma perspectiva de mercado ampla e estratégica. Essas indagações têm o potencial de trazer insumos para uma avaliação muito poderosa sobre como obter sucesso em um ambiente hipercompetitivo.

Como você pode observar, tudo está interligado e correlacionado ao objetivo central de todo esse processo: construir uma organização longeva e sustentável. As perguntas fornecem a matéria-prima básica para esse pensamento, pois fomentam a imaginação humana.

Importante reiterar que a dimensão enfatizada por Drucker não se concentra apenas no cliente. Ela compreende que a noção de cliente não é estática e que as organizações precisam estar preparadas para o fato de esses agentes se tornarem mais diversificados, com suas necessidades, seus desejos e suas aspirações evoluindo continuamente ao longo do tempo.

Neste mundo mutável, o sucesso de uma empresa depende, em essência, de sua contribuição para o sucesso dos seus clientes. Acompanhar de perto a evolução de seu comportamento é fundamental para a sobrevivência de uma organização; caso contrário, ela corre o risco de se tornar irrelevante e obsoleta. As perguntas sobre o JTBD de seu cliente não podem parar nunca.

Se a sustentabilidade de uma companhia está na essência desse sistema, é inevitável que o terceiro conjunto de questões essenciais para essa jornada tenha a ver com sua razão de ser. Sendo mais preciso, com seu propósito.

Drucker foi quase profético ao insistir que os clientes fossem colocados no epicentro de um propósito organizacional. As organizações têm de pensar em seus negócios como serviços aos clientes e construir sua proposta de valor em torno disso. Todo o resto, incluindo o valor para os acionistas, é uma consequência e uma derivada dessa verdade fundamental.

A reflexão sobre qual é o negócio da empresa e quais são as demandas centrais de seu cliente deve ser adicionada à dimensão sobre qual é o verdadeiro propósito dessa organização. Essas três questões compõem um conjunto de proposições que têm o potencial de resumir a própria essência da organização, pois compreendem as dimensões de mercado, clientes e sociedade.

A relevância da reflexão sobre o propósito pode ser resumida na sentença de Levitt que abre este capítulo: "A mera sobrevivência é uma aspiração medíocre para uma empresa".

Qualquer organização é uma entidade social, já que está contida e é uma protagonista essencial para o funcionamento de qualquer sociedade. Como tal, a empresa realiza trocas com os agentes sociais constantemente. Essas trocas não se dão apenas por meio do que produz, mas também pelo impacto de sua presença no ambiente em que está inserida, influenciando comunidade, indivíduos e diversos *stakeholders* daquele contexto.

Entender a essência de uma empresa é um imperativo para aprimorar sua conexão com indivíduos nos papéis de clientes, colaboradores, parceiros e outras dimensões correlatas. É um erro ver o lucro financeiro como o propósito central de qualquer organização – na verdade, ele é a consequência de um sistema de criação de valor saudável. Por sua vez, o propósito tem relação com a jornada que a empresa adota para chegar a esse resultado, está relacionado a seu impacto e pode ser resumido nas perguntas "Por que estamos fazendo o que estamos fazendo?" ou "Por que estamos nesse negócio?".

As pessoas não se conectam com produtos, serviços ou CNPJs. As pessoas se conectam com atributos intangíveis, não racionais, de um projeto. Quando um cliente se relaciona com a empresa apenas devido às características intrínsecas de sua oferta ou um colaborador foca apenas a relação financeira com sua empregadora, esses indivíduos não estão se conectando de maneira poderosa e perene com essas entidades. Está havendo somente uma relação transacional, que tende a não ser longeva ou sólida.

O ser humano precisa pertencer. Essa necessidade existe em todas as pessoas e culturas – e foi ela que impulsionou o próprio sentido de países ou nações ao longo da história. Com as empresas não é diferente. O sentimento de fazer parte de um ambiente em que há crenças e valores compartilhados aumenta o sentido de conexão, pois faz com que as pessoas se sintam seguras e valorizadas. Como seres humanos, não só desejamos tal sentimento como também o buscamos. Ele é tão forte que não medimos esforços e, por vezes, fazemos coisas irracionais – quase sempre gastamos dinheiro – para obtê-lo.

Qual é seu propósito?

A visão do propósito de uma organização tende a ficar clara e ser formalizada ao longo do tempo, porém emerge quando ela nasce, já que a razão principal do surgimento de uma empresa é responder a uma pergunta e resolver um problema. Essa busca proporciona um sentido inicial de propósito. Com o tempo, no entanto, esse princípio tende a ficar adormecido, pois sucumbe perante as questões racionais do negócio. O modo sobrevivência ganha espaço, e a agenda corporativa é dominada por questões que passam ao largo da visão filosófica que, simplesmente, representa a razão de ser da empresa.

Promover e estimular perguntas relacionadas aos "porquês" da organização ajuda a evidenciar seu propósito e, a partir daí, revitalizá-lo para compartilhar com todos essa visão de mundo da empresa.

Na obra *Feitas para durar*, Jim Collins e Jerry Porras exploram de maneira bastante didática como essa dinâmica se apresenta nas organizações mais longevas, objeto de estudo do livro. De acordo com essa perspectiva, toda organização com esse perfil demonstra a característica de preservar o núcleo, mas estimular o progresso. Por um lado, ela é guiada por um conjunto de valores e um propósito fundamentais – uma missão central que muda pouco ao longo do tempo; e, por outro lado, estimula o progresso: mudanças, melhoria, inovação, renovação.

A missão central tende a permanecer fixa enquanto as práticas operacionais, as normas culturais, as estratégias, as táticas, os processos, as estruturas e os métodos mudam continuamente em resposta às realidades em mudança.

Na verdade, o grande paradoxo é que as organizações que melhor se adaptam a um mundo em mudança sabem, antes de mais nada, o que não deve mudar; elas têm uma âncora fixa de princípios orientadores em torno dos quais podem mudar todo o resto com mais facilidade. Elas sabem a diferença entre o que é verdadeiramente sagrado e o que não é, entre o que não deveria e o que deve estar sempre aberto à mudança.

O propósito funciona como uma placa em uma via em bifurcação: é ele que define o caminho a ser seguido; o que deve e o que não deve ser feito. Como um farol, é o sistema que preserva a essência da organização mesmo em um contexto de transformações.

Nos anos recentes, essa dimensão tornou-se ainda mais importante à medida que o mundo se mostra cada vez mais perturbador e turbulento. No entanto, não importa o quanto o ambiente mude, as pessoas ainda precisam pertencer a algo de que possam se orgulhar. Indivíduos têm uma necessidade fundamental de valores orientadores e de um senso de propósito que dê sentido à sua vida e ao seu trabalho. Têm uma necessidade fundamental de ligação a outras pessoas, partilhando com elas o vínculo comum de crenças e aspirações. É por isso que o propósito de uma organização não pode ser impessoal, frio, distante. Deve ter um significado profundo, ser algo em que a organização realmente acredita e que pratica. O propósito de uma empresa diz por que ela faz o que faz, não os meios pelos quais tudo é feito.

As perguntas sobre propósito, a despeito de fazerem parte de um sistema mais sólido e duradouro, não são imutáveis. Casey Sheahan, CEO da Patagonia, uma marca de roupas esportivas que tem atuado como ativista em defesa dessa perspectiva, afirma que mesmo uma empresa com uma missão e valores bem definidos precisa revisitar perguntas sobre propósito e missão com regularidade, já que o ambiente muda com frequência.

Engana-se quem crê que esse tema não tem correlação direta com o negócio, que se trata de um sistema muito intangível e mais colateral à geração de valor econômico para uma companhia.

Uma visão de propósito bem clara e estruturada libera e estimula os líderes de uma organização a buscar todos os tipos de oportunidades e perguntas de longo alcance, sabendo o tempo todo o que estão fazendo, em virtude de uma base sólida. O entendimento da essência da empresa norteia a estratégia do negócio e funciona como ideia unificadora, conectando todos a uma perspectiva única e clara.

A evolução tecnológica tem feito com que muitas organizações precisem se reinventar continuamente buscando inovações em seu projeto original, o que implica aventurar-se por territórios desconhecidos. Uma companhia que tem a clara compreensão de sua identidade está em melhor posição para estimular novas questões inquietantes como "Em que negócio estamos agora?" ou "Em que negócios queremos estar".

Estimular as questões relacionadas ao propósito de uma empresa favorece uma conversa genuína sobre objetivos compartilhados e como todos podem contribuir para a tarefa. Ele ajuda a transmitir as prioridades da companhia e a dominar os principais pilares de sustentação do negócio no presente e no futuro. Quando realizadas de maneira estruturada e bem-organizada, questões sobre o propósito auxiliam a incrementar o nível de colaboração da empresa, diminuindo os silos e a visão segregada em departamentos ou áreas, já que sua interpretação compreende uma visão única de toda a organização.

Na obra *Comece pelo porquê*,[20] Simon Sinek enfatiza uma tese amplamente popularizada em uma palestra do projeto TED que alcançou uma audiência extraordinária – tornando-se uma das mais vistas da história –, que contribui para o entendimento de como é possível estruturar a visão de propósito na prática. Essa teoria foi batizada de *Golden Circle* e é um modelo conceitual que explica como líderes e organizações podem inspirar ação ao comunicar seu propósito de dentro para fora, com base em três níveis concêntricos: **por que**, **como** e **o que**.

---

20 SINEK, S. **Comece pelo porquê**: como grandes líderes inspiram pessoas e equipes a agir. Rio de Janeiro: Sextante, 2018.

- Por que (*Why*)
  No núcleo do círculo está o propósito. Como já exploramos aqui, esse é o motivo fundamental pelo qual a organização existe, além de gerar lucro. Refere-se à causa ou crença que inspira a empresa e seus líderes. Exemplos: "Por que fazemos o que fazemos?"; "Em que acreditamos?".

- Como (*How*)
  O próximo círculo descreve o modo como a organização realiza suas operações. São os valores, princípios e métodos que a diferenciam e explicam como ela cumpre seu propósito. Exemplos: "Como criamos nossos produtos ou serviços?"; "Quais são nossos valores fundamentais?".

- O que (*What*)
  O círculo mais externo descreve o que a organização faz. É o nível mais tangível: os produtos ou serviços oferecidos ao mercado. Exemplos: "O que vendemos?"; "Qual é nosso produto ou serviço?".

Segundo o autor, o principal desafio é que a maioria das empresas prioriza reflexões exclusivamente sobre "o que" fazem. As respostas a essa indagação são úteis, pois trazem uma visão lógica, objetiva e racional do negócio, porém seu alcance é limitado, já que são pouco inspiradoras. Produtos, serviços, preços e funcionalidades explicam o que uma empresa faz, mas raramente tocam o coração das pessoas. Já as empresas e os líderes que realmente inspiram começam pelo "porquê". O propósito emerge dessa reflexão, já que suas possibilidades compreendem a crença fundamental que guia tudo o que a empresa faz. Não se trata de lucro – lucro é o resultado. O "porquê" é a causa que motiva cada ação, é o combustível que atrai pessoas que compartilham dessa visão e querem fazer parte dela.

Racionalmente, é possível entender a relevância desse sistema, porém quão integrado ao nosso dia a dia ele está? Convidamos você a realizar um exercício simples. Reflita sobre a rotina diária em seu negócio. Intuitivamente, qual é o percentual de tempo que você explora e comunica o "o que" ou "como" sua organização faz o que faz e qual é a parte destinada ao "porquê"? Nas comunicações para público interno e externo (clientes), qual é a prioridade desses dois sistemas?

Não se assuste se você identificar que a maior parte do tempo é destinado para as questões racionais do negócio em detrimento das questões mais essenciais de seu projeto. Essa dinâmica é natural, pois a rotina de qualquer projeto envolve a tomada de decisões diárias de natureza muito prática. Sua predominância, porém, implica uma questão fundamental: como os indivíduos – clientes e colaboradores – se conectarão com um negócio racional, sem vida, cujo significado diz muito pouco respeito às suas crenças e ambições? Se você não destina tempo para falar sobre seu propósito, como almejar que indivíduos se conectem a ele?

Um sistema racional favorece relações transacionais, mais frias e menos consistentes. Se a busca é pela construção de conexões de valor, é necessário estimular proposições e rituais alinhados com essa estrutura.

Não é preciso nenhum estudo ou pesquisa em profundidade (que existem aos montes, a propósito) para entender o quão desafiante é para líderes e organizações realizarem essa migração e começar a incentivar reflexões corporativas pelo núcleo da organização, por sua essência, valorizando esse contexto.

As perguntas essenciais devem considerar indagações poderosas, como: "Por que a empresa existe, além de gerar resultados financeiros?". Essa clareza não apenas atrai clientes, mas também cria times engajados, alinhados com algo maior.

O alcance dessa prática contribui para a empresa prosperar em sua dimensão econômica, contribuindo para sua diferenciação. Vivemos em um mundo inundado por ofertas semelhantes. O que torna uma empresa ou líder diferente não é o produto, mas a história que eles contam e o propósito que defendem. Simon Sinek nos lembra de que "as pessoas não compram o que você faz; elas compram por que você faz isso".[21]

Quando nos conectamos com novos clientes ou consumidores, é quase automático começarmos dizendo "o que" fazemos. Depois, partimos para explicar "como" fazemos ou destacamos "o que" nos torna diferentes. E, na maioria das vezes, acreditamos que isso é suficiente para fechar um negócio, conquistar a confiança ou influenciar uma decisão. É como se fosse o seguinte discurso de venda: "Vendemos livros. Nosso produto é de altíssima qualidade e tem o melhor preço do mercado. Mais baixo que o dos concorrentes. Quer comprar?". É direto e racional. Declara exatamente o que a empresa faz e tenta persuadir pela lógica: qualidade e preço competitivo. Mas, mesmo que funcione em algumas ocasiões, essa abordagem tende a gerar apenas transações pontuais, já que, assim que encontrar uma oferta melhor, o cliente vai embora. Não há vínculo. Esse tipo de comunicação não cria diferenciação significativa, muito menos lealdade.

Lembre-se: recursos e benefícios não inspiram. Relações duradouras são construídas com base em algo mais profundo.

Agora, vamos mudar o tom e começar pelo porquê: "De que serve uma ideia se ela não pode ser compartilhada? Nossa empresa nasceu para ajudar a espalhar ideias. Quanto mais ideias forem compartilhadas, maior será o impacto que elas terão no mundo".

---

21 SINEK, S. **Por quê?** Como motivar pessoas e equipes a agir. São Paulo: Saraiva, 2012. p. 53.

Percebe a diferença? Esse discurso não vende livros, mas conecta-se com uma causa. Ele evoca propósito, mexe com a imaginação e cria identificação. Porque o que realmente inspira e gera lealdade não é "o que" você faz, mas "por que" você faz.

Comunicar de dentro para fora, começando pelo porquê, exige coragem. É um convite para abrir o coração e declarar aquilo em que a organização realmente acredita e assumir a responsabilidade por essa promessa. Essa clareza, no entanto, tem um poder transformador – não apenas para a companhia, mas também para todos que se conectam com ela.

No relacionamento com o cliente, essa estratégia gera confiança, estado fundamental para nutrir relações longevas e sustentáveis. A confiança não é algo que se conquista com palavras bem escolhidas ou com uma promessa eloquente. Não basta que o vendedor apresente um argumento racional sobre os motivos pelos quais o cliente deve comprar seu produto. Confiança não surge de uma lista de tarefas bem-executadas ou de um compromisso cumprido. Confiança é um sentimento, e não algo que possa ser calculado ou racionalizado. Ela começa a se formar quando o indivíduo percebe que outra pessoa, ou mesmo uma organização, age com um propósito maior do que simplesmente o lucro; quando existe a crença de que há valores e princípios mais profundos guiando suas decisões. Quando isso é percebido, a conexão acontece. É exatamente aí, nesse espaço, que a confiança revela seu maior poder: ela dá origem ao verdadeiro sentido de valor. Não o valor monetário, mas aquele que nasce da certeza de que estamos alinhados com quem compartilha de nossas crenças e nossos ideais. O valor real é, essencialmente, uma transferência de confiança – uma troca que transcende o que é tangível e acessa aquilo que é emocional e humano.

A conexão do conjunto dessas três questões essenciais – qual é seu negócio; qual é o trabalho que seu cliente deseja realizar e qual é seu propósito – fundamenta a própria visão de mundo da organização, sua razão de ser, como ela cria valor para clientes, colaboradores e todos os *stakeholders*. Essa reflexão eleva o nível de consciência da companhia para outro patamar, oferecendo uma perspectiva superior e expandindo os anseios e as possibilidades da empresa.

Uma questão essencial que emerge após o entendimento do potencial desse recurso é como fazer perguntas transformadoras. Ao longo dos anos, foram elaborados muitos modelos e estudos sobre o tema. Atualmente, existe a crença de que um processo, até então visto como empírico ou natural, pode ser desenvolvido de modo estruturado visando fomentar essa habilidade tanto no nível do indivíduo quanto corporativamente. Como elaborar perguntas transformadoras? Esse é o tema de nosso próximo capítulo.

3
Como fazer da pergunta um ativo estratégico

?

Uma das histórias mais conhecidas do mundo da ciência é a de Isaac Newton tendo o *insight* para formular a lei da gravitação universal a partir do momento em que uma maçã caiu diretamente em sua cabeça, quando estava descansando embaixo de uma macieira. Esse foi o momento "eureca!" do cientista e ofereceu o impulso para o florescimento no imaginário popular da percepção de que insights, com potencial arrebatador como esse, surgem subitamente em nossas mentes.

Essa concepção, no entanto, é tão icônica quanto incompleta. Embora a imagem seja inspiradora e haja referências de que ela de fato aconteceu – inclusive, a árvore associada ao evento ainda existe no local de nascimento de Newton –, ela simplifica demais a realidade do processo criativo e científico. A maçã não foi o início, mas um ponto de convergência para anos de inquietações, observações e perguntas que já permeavam a mente de Newton.

O mito do "eureca!" sugere que grandes ideias surgem subitamente, como um raio que ilumina a escuridão. Mas, na prática, os insights raramente são acidentes. Eles emergem de um terreno fértil, preparado por reflexões anteriores e tentativas frustradas e pela capacidade de questionar o óbvio. Newton não se tornou um gênio da noite para o dia. Ele passou anos ponderando sobre o movimento dos planetas, as forças da natureza e as regularidades do mundo físico. A maçã foi apenas a faísca que iluminou um caminho já pavimentado por essas perguntas.

Essa desconstrução do "momento mágico" é essencial, pois muitas vezes romantizamos a ideia de que a inovação e o pensamento original acontecem em epifanias, ignorando que o verdadeiro progresso é alimentado por uma cultura de curiosidade e uma disposição incansável para explorar o desconhecido. Perguntar "Por quê?", "E se?" e "Como?" são as sementes de qualquer transformação significativa. O insight, quando chega, é apenas o florescimento natural desse esforço contínuo.

O que a história da maçã de Newton realmente nos ensina não tem a ver com o poder de um momento singular, mas com a importância de uma mente inquieta. Seja na ciência, nos negócios ou na vida, os grandes avanços não vêm do acaso, mas da capacidade de olhar para o mundo e nunca se satisfazer com respostas simples. Newton não teve sorte ao estar no lugar certo; ele tinha a mentalidade certa, preparada para transformar uma observação comum em uma revolução científica.

O ambiente para permitir que essa mentalidade prospere coletivamente é que deve ser estruturado visando gerar um contexto empresarial em que as pessoas estejam preparadas para utilizar esse recurso como um ativo estratégico da organização.

Uma das lições mais importantes que podemos aprender de experiências como essa é a relevância de criar espaços para perguntas serem feitas, desenvolvendo a mentalidade da inquietude dentro de uma companhia. O objetivo central é encontrar maneiras de propiciar as condições certas para questionamentos em uma escala muito mais ampla, a fim de que sejam mais difundidos na empresa.

No mundo empresarial, existem referências concretas de organizações que desenvolvem rituais e processos para ativar esse comportamento em seus negócios. Mark Zuckerberg, cofundador e CEO da Meta (anteriormente, Facebook), instituiu um período semanal de perguntas com seus funcionários, conhecido como "Q&A", durante o qual eles são encorajados não apenas a buscar informações, mas também a levantar questões difíceis que julgam que a liderança da empresa pode estar ignorando ou não dando a devida atenção. Nessas reuniões, os colaboradores têm a oportunidade de questionar diretamente o líder da empresa sobre diversos assuntos, desde decisões estratégicas até questões operacionais. Em algumas ocasiões, essas sessões foram abertas ao público, permitindo que usuários da plataforma também participassem. Por exemplo, em novembro de 2014, o Facebook realizou uma sessão pública de perguntas e respostas, na qual Zuckerberg abordou temas como a obrigatoriedade do uso do aplicativo Messenger e a expansão do acesso à internet em regiões sem conexão.

Outras organizações adotam artefatos para demonstrar como o recurso das perguntas é valorizado em sua cultura. A Google usa a metáfora da "empresa como universidade". O MIT Media Lab usa as do "laboratório" e do "jardim de infância", como veremos no próximo capítulo. Algumas empresas tentam criar "salões" ou "estúdios", enquanto outras posicionam-se como "aldeias de ideias" ou "cidades de ideias", e assim por diante.

Todos esses recursos têm como objetivo central atrair o foco de todos na companhia para a compreensão da relevância dessa prática. De maneira intencional e proativa, é possível desenvolver estratégias e iniciativas concretas para fortalecer esse comportamento corporativamente, não estando a organização submetida apenas ao voluntarismo de alguns que adotam esse perfil de inquietude.

Como exploramos anteriormente, a curiosidade e a aprendizagem andam de mãos dadas. Dessa forma, no eixo central dessa estratégia está o objetivo de transformar o local de trabalho em um espaço de aprendizado constante, sendo a pergunta o recurso fundamental para essa evolução.

Uma empresa americana tem se notabilizado na construção dessa cultura e sido constantemente citada por especialistas no tema. Não se trata de uma companhia tão conhecida fora do território americano, porém sua experiência traz referências relevantes para evidenciarmos que esse é um caminho factível e promissor.

Trata-se da W. L. Gore & Associates ou, simplesmente, Gore. Fundada em 1958 por Bill e Vieve Gore, a organização se especializou em desenvolver soluções inovadoras para diversas indústrias, intitulando-se como um laboratório de possibilidades. Sua atuação envolve segmentos que vão da saúde à exploração espacial, e seus produtos mais conhecidos do grande público são peças de vestuário para serem utilizadas em severas condições climáticas de baixa temperatura, da linha GORE-TEX®.

Por si só, a natureza desse negócio já implica a estruturação de uma cultura de questionamento para que o *statu quo* seja confrontado aberta e frequentemente visando à construção de inovações disruptivas. Para atingir esse objetivo, a organização adaptou seu sistema de gestão de modo mais horizontal, promovendo um ambiente em que cada voz tem valor e a troca de ideias acontece naturalmente. Mais do que frases bonitas para serem afixadas nas paredes da organização, os líderes da Gore enfatizam a intencionalidade de estabelecer uma filosofia que forma um terreno fértil para a criatividade, no qual os colaboradores não apenas têm permissão para fazer perguntas difíceis, mas também são incentivados a desafiar suposições e explorar o desconhecido. Com frequência, esses líderes participam de aparições públicas ressaltando essa visão. Em uma dessas entrevistas, Debra France, vice-presidente da empresa, comentou que "com uma cultura de questionamento, sempre há mais possibilidades",[22] refletindo a crença de que, em um mundo em constante transformação, as perguntas certas são mais valiosas do que respostas prontas. A comunicação flui livremente pela rede da Gore. Qualquer dúvida ou ideia pode ser compartilhada com qualquer outra pessoa.

---

[22] BERGER, W. **A More Beautiful Question**: The Power of Inquiry to Spark Breakthrough Ideas. Nova York: Bloomsbury USA, 2014. p. 169.

"É muito pessoal", diz France. "Se você tem *feedback* para alguém, você o dá diretamente."[23]

No intuito de desenvolver e fortalecer essa capacidade junto a seus colaboradores, a empresa treina todos para fazerem boas perguntas. São fornecidas instruções específicas sobre como elaborar perguntas que podem ser aplicadas para testar novas ideias; como avaliar o valor de buscar possíveis oportunidades ou inovações; como usar questionamentos para melhorar a colaboração com outros funcionários; dentre outros ensinamentos básicos sobre o tema. É dada especial ênfase ao questionamento eficaz para que os líderes e demais colaboradores possam treinar e orientar melhor os novos funcionários.

A despeito de ser uma empresa de base tecnológica, o caso da Gore nos ensina que a tecnologia é apenas um meio para o fomento de um pensamento original, inquietante. A essência desse processo reside na construção de um ambiente que inspire a curiosidade, valorize o aprendizado contínuo e permita que cada colaborador encontre seu papel como agente de transformação.

Esse processo tende a ter mais êxito conforme é desenvolvido um plano estratégico claro orientado a essa visão, com a criação de um sistema que considere rituais, processos e artefatos que fomentarão um ambiente em que as perguntas fazem parte da rotina do negócio e de suas práticas regulares.

Apenas estimular perguntas, no entanto, não é condição essencial para o sucesso desse sistema. Uma precondição fundamental para que ele funcione é que sua estrutura esteja integrada à estratégia do negócio. Um ambiente em que perguntas são geradas de maneira atabalhoada, com muita frequência e com pouca assertividade, pode gerar um cenário caótico e ingovernável.

---

23 *Idem*. p. 170.

Além da natureza de algumas perguntas que não são boas por serem pouco inspiradoras ou tóxicas, há de se considerar a pertinência dos questionamentos quanto à sustentabilidade do negócio e, sobretudo, seu compromisso com ação prática. As melhores perguntas são aquelas que estimulam a imaginação, ensejam mudanças positivas, dissolvendo barreiras e canalizam a energia para caminhos novos e mais produtivos.

A obra *Ask More* [Pergunte mais], escrita pelo jornalista americano Frank Sesno,[24] apresenta um conceito bem relevante para integrar a essa discussão, e que nos traz uma referência de como conectar as perguntas à sustentabilidade do negócio.

O autor define a importância das chamadas "questões estratégicas" para o negócio. Trata-se daquelas que se referem ao desafio maior e aos objetivos de longo prazo da companhia. Podem estar relacionadas a riscos, oportunidades, custos, possibilidades alternativas de expansão e toda sorte de temas que são essenciais não apenas para a sobrevivência, mas, e sobretudo, para o crescimento do projeto.

Essas perguntas contribuem para a correta definição dos objetivos da organização, esclarecem suas metas e consideram potenciais obstáculos ao pensarmos sobre benefícios e consequências futuras de possíveis ações ou iniciativas.

Como formular perguntas estratégicas

Um dos sistemas mais relevantes presentes, de maneira frequente e poderosa, em qualquer companhia, é o de tomada de decisões. A todo momento, os colaboradores de qualquer empresa são estimulados a fazer escolhas. Algumas dessas alternativas são de

---

24 SESNO, F. **Ask More**: The Power of Questions to Open Doors, Uncover Solutions, And Spark Change. Nova York: AMACOM, 2023.

baixa complexidade e demandam menos esforço cognitivo. Outras, no entanto, são mais complexas, pois envolvem maiores riscos e uma boa dose de imponderabilidade. As questões estratégicas constituem uma matéria-prima de alto valor, justamente para essa classe de decisões que requerem um maior esforço cognitivo, já que contribuem para refletir sobre suas possíveis consequências e a abertura para novas perspectivas não mapeadas. São perguntas que estimulam o olhar além do horizonte conhecido.

Por mais que exista a ilusão de que o gestor é capaz de dominar todas as variáveis do negócio, na realidade existem componentes que são incontroláveis por definição. Qualquer definição estratégica compreende, em sua essência, um nível de incerteza importante, justamente devido a esses fatores não controláveis. Estimular perguntas estratégicas contribui para projetar o futuro ideal mapeando e compreendendo os potenciais riscos e oportunidades nessa caminhada. Ou melhor: essa reflexão permite a projeção de "futuros ideais", visto que oferece condições para a construção de diversos cenários possíveis.

A formulação de questões estratégicas facilita a visualização de eventos distantes da realidade, tornando-os próximos do repertório de todos ao aumentar o nível de consciência sobre o tema em evidência. Tal qual um satélite que faz imagens a quilômetros de distância da Terra, essas perguntas começam amplas e vão aproximando-se gradativamente, possibilitando ver a paisagem em detalhes.

Em seu núcleo, tais questões são perguntas aparentemente simples que iluminam decisões complexas caracterizadas por grande risco ou incerteza. São perguntas saudáveis que exigem respostas sobre o propósito e o panorama.

É possível relacionar algumas perguntas-chave que fazem parte do escopo central das questões estratégicas, como:

- Esse curso de ação promove os interesses da organização?
- Existe um chamado, um propósito maior?
- Parece certo, é importante e consistente com os valores da companhia?
- Tenho paixão para fazer isso e persistir?
- Como é possível definir o que é "sucesso" para essas iniciativas?
- A organização tem as ferramentas para alcançar os objetivos propostos?
- Foram calculados os custos e benefícios, os riscos, as recompensas e as alternativas?

Esse mesmo conjunto de questões estratégicas também pode se aplicar às consequências das decisões para sua vida pessoal, por meio de questionamentos como:

- Quais são as consequências para meu bem-estar emocional, intelectual e espiritual?
- As pessoas mais próximas de mim achariam que isso é uma boa ideia?
- Se isso acabasse em minha biografia (ou em meu obituário), eu ficaria orgulhoso de vê-lo lá?

Em sua obra, Sesno apresenta uma visão prática de como estimular as questões estratégicas na organização por meio de uma abordagem em três fases:

1. Olhando para trás e delineando o escopo
    - Quais são as lições de estratégias anteriores e suas implicações para nosso futuro trabalho?
    - Qual é a natureza do problema?

- Quais são as maneiras mais promissoras de abordar o problema?
2. Escolha estratégica
    - Como pensamos que a mudança acontecerá?
    - Qual é o papel de nossos parceiros?
    - Quais são os requisitos financeiros?
    - Quais são os riscos?
3. Plano de execução
    - Quais são o *timing* e a sequência das iniciativas?
    - Quais recursos são necessários?

As questões estratégicas aprofundam a compreensão e esclarecem os objetivos. Ao perguntar mais, é possível definir parâmetros de referência e avaliar riscos com mais clareza e tangibilidade. Elas contribuem para examinar oportunidades e expor vulnerabilidades. Como consequência, a organização aprimora uma cultura de questionamentos formando pensadores melhores e líderes mais estratégicos. As reflexões derivadas desse sistema são guias para evitar as distrações de curto prazo e manter a organização focada nos objetivos essenciais de longo prazo, com todos entendendo as razões por trás das decisões estratégicas.

Para que elas floresçam e se tornem um ativo da organização, fortalecendo sua cultura de aprendizado, é necessário criar as condições para um ambiente que favoreça esse sistema, como o exemplo da Gore.

Faça da tempestade de ideias uma tempestade de perguntas

Hal Gregersen, professor da Sloan School of Management do Massachusetts Institute of Technology (MIT), tem se dedicado a estudar como criar culturas de investigação dentro das organizações para ajudar líderes a transformá-las em potências inovadoras.

Em um artigo publicado na *Harvard Business Review*,[25] o professor apresenta referências práticas de estruturas que podem ser utilizadas para auxiliar no desenvolvimento de um ambiente que favoreça as perguntas. Explorando as possíveis causas-raiz do bloqueio para geração desses ambientes, Gregersen recorre a uma tese já explorada por nós nos capítulos anteriores: cita o professor emérito da Universidade da Califórnia James T. Dillon, que dedicou sua carreira a estudar o fenômeno de os estudantes não fazerem perguntas durante a aula. O principal achado desses estudos é que os alunos têm medo de fazer perguntas por conta da reação negativa de professores e de seus colegas de classe.

Estudos apontam que o questionamento, um comportamento humano inato, é frequentemente subvertido e sistematicamente desencorajado. Aqueles que detêm o poder tendem a manter sua hegemonia silenciando questionadores, preservando assim estruturas que limitam o potencial transformador de perguntas profundas. O mesmo sistema do medo que assola estudantes universitários dá as caras no ambiente empresarial.

Entretanto, líderes de empresas inovadoras já se deram conta da relevância do questionamento como ferramenta estratégica. Robert Langer, do MIT, ressalta a necessidade de mudar hábitos que inibem essa prática: "Quando você é um estudante, é julgado por quão bem responde a perguntas, e se você as responder bem, vai obter um diploma. Mas na vida, você é julgado por quão bom é em fazer perguntas".[26] Essa reflexão sublinha o papel do questionamento como motor para a inovação e o progresso.

---

[25] GREGERSEN, H. Better Brainstorming. **Harvard Business Review**, mar.-abr., 2018. Disponível em: https://hbr.org/2018/03/better-brainstorming. Acesso em: 13 mar. 2025.

[26] *Ibidem*.

Empresas como Amazon, IDEO, Patagonia, Pixar e Tesla criaram ambientes nos quais fazer perguntas é não apenas permitido, mas incentivado. Nessas organizações, as pessoas são estimuladas a questionar umas às outras, especialmente diante de problemas complexos. Essa abordagem promove uma troca colaborativa que frequentemente resulta em soluções novas e inesperadas.

No entanto, Hal Gregersen observa que são justamente os líderes em altos cargos os menos propensos a participar dessas dinâmicas de questionamento. O receio de parecer vulnerável ou de não ter todas as respostas os afasta dessa prática essencial. Paradoxalmente, é desses líderes que se espera o maior comprometimento com o processo, acompanhando e valorizando as perguntas feitas pelas equipes. Essa postura não apenas demonstra liderança, mas também reforça a crença de que cada pergunta tem valor e pode pavimentar o caminho para um futuro mais promissor.

Se líderes corporativos assumirem esse papel com coragem e determinação, sinalizarão que, em suas organizações, as perguntas não são vistas como ameaças, mas como oportunidades. É nessa mudança de mentalidade que reside o potencial para transformar empresas e moldar o futuro. Parte dessa construção compreende ensinar as pessoas a adiarem o julgamento enquanto exploram novas ideias e grandes questões.

Uma abordagem prática indicada para estimular esse sistema é encorajar os times a trabalharem em projetos com objetivos muito bem definidos previamente e com a licença de gerar reflexões que fujam do conhecimento estabelecido. Ao canalizar todas as análises em um propósito único, há uma maior concentração dos esforços, o que facilita a compreensão do problema e a consequente formulação de perguntas-chave para sua resolução.

Nessa estrutura, um passo fundamental é trabalhar com profundidade na exata definição do problema a ser explorado durante toda a dinâmica. Quanto maior for a compreensão do tema em questão, maior será a tendência de que surjam contribuições apropriadas.

Um risco inerente a essas discussões é torná-las excessivamente racionais e muito orientadas a visões já existentes. Não são raras as ocasiões em que, após concluído o processo, há a percepção de que não foram levantadas perspectivas distintas das já conhecidas. Para evitar que essa dinâmica do "nada de novo" se estabeleça, há um recurso aconselhável que contribui para incentivar pensamentos potentes e distantes da conjuntura atual. Depois da adequada definição do problema, formule uma questão em que alguma restrição clássica para chegar às respostas adequadas é extraída. O objetivo é incentivar raciocínios mais distantes da rotina dos participantes, promovendo análises mais imaginativas e originais.

Via de regra, a restrição mais clássica refere-se a capital financeiro ou humano. Nesse sentido, para a evolução das discussões dos projetos definidos, podem ser estimuladas perguntas como: "E se o dinheiro ou as pessoas não fossem uma objeção? Como poderíamos abordar esse projeto de uma forma distinta da que abordamos atualmente?". Nessa mesma linha, outra estratégia é remover algum ativo indispensável para o funcionamento do negócio ou projeto. Imagine que você atue em uma empresa de transportes em que um dos recursos indispensáveis são os motoristas. É possível estimular perguntas como: "E se os motoristas não estivessem mais disponíveis? Quais seriam as possibilidades para viabilizar esse projeto?".

Ao excluir um recurso ou ativo vital para o negócio, você consegue estimular reflexões que não se limitam ao conhecimento já estabelecido e incentiva a geração de soluções fora do padrão existente. Você pode selecionar qualquer tipo de recurso ou ativo diretamente relacionado ao problema em questão. A propósito, a reflexão estratégica já se inicia nessa ponderação sobre quais são os elementos imprescindíveis para levar adiante esse projeto.

Com a remoção temporária das restrições, a imaginação das pessoas é liberada para encontrar as melhores ideias, independentemente de fatores limitadores que cerceiam a liberdade criativa. Devido a experiências anteriores que geraram consequências, é inevitável que tenhamos uma tendência de modelar nosso pensamento ao espaço já conhecido para evitar frustrações ou a percepção de desperdício de tempo. Em muitas reflexões que conduzimos dessa natureza em organizações, percebemos essa dinâmica em que antes mesmo de o indivíduo apresentar suas ideias originais já existe a censura por meio do questionamento sobre sua viabilidade ("não temos orçamento para isso" ou "dependemos desses agentes, e eles não adotarão essa solução" etc.).

Para gerir o processo de geração de ideias, é importante adotar metodologias que contribuam para a organização do processo visando extrair o maior potencial possível da iniciativa. Uma técnica comumente adotada – e muito recomendável – em estruturas como essa (orientadas a fomentar perguntas tendo como foco um problema em específico) é a do brainstorming.

Muito popular no ambiente empresarial, o brainstorming consiste em uma técnica de geração de ideias em grupo que visa estimular a criatividade e encontrar soluções para problemas ou desafios específicos. O termo, que pode ser traduzido como "tempestade de ideias", foi introduzido por Alex Osborn – publicitário e autor do livro *Applied Imagination* [Imaginação aplicada],[27] publicado em 1953 – e se consolidou no mundo corporativo a

---

[27] OSBORN, A. **Applied Imagination**: Principles And Procedures Of Creative Problem Solving. Nova York: Charles Scribner's Sons, 1953.

partir da disseminação de metodologias de resolução de problemas, como *design thinking* e similares.

A essência da técnica consiste em criar um ambiente colaborativo e livre de julgamentos, no qual os participantes se sintam à vontade para compartilhar qualquer ideia, por mais inusitada que pareça. Essa abordagem promove o pensamento criativo e encoraja a exploração de diferentes perspectivas.

Ao final desta obra, apresentaremos em detalhes o passo a passo de como aplicar essa e demais técnicas (na seção **Anatomia das perguntas: estruturas para fomentar perguntas em seu negócio**). Recorra a esse material caso deseje utilizá-la.

Hal Gregersen traz uma derivação dessa técnica que pode potencializá-la e exercitar ainda mais a capacidade de gerar perguntas transformadoras. Trata-se do "brainstorming de perguntas".

O autor comenta que o insight para desenvolver esse modelo veio de sua experiência em desenvolver dinâmicas com essa característica e perceber que os aspectos cognitivos, que acontecem dentro da mente das pessoas, não bastam para o êxito de um processo como esse. Boa parte do sucesso está relacionado às condições em que esses indivíduos se encontram, que podem tanto desencorajar o questionamento quanto incentivar e promover esse comportamento.

A ideia do brainstorming de perguntas tem como propósito criar um tipo diferente de espaço para as pessoas, no qual as regras e normas usuais são suspensas e comportamentos diferentes são encorajados.

Gregersen explica que essa estrutura surgiu quando, em 1998, promovia um brainstorming tradicional sobre igualdade de gênero com seus alunos do MBA. Depois de muita discussão, chegou um momento em que todos estavam cansados. Ele decidiu juntar material para a próxima reunião e começou a pedir aos alunos que formulassem questões que fossem importantes para essa próxima reunião.

Percebeu, então, que todos ficaram revigorados com o convite. Esse era o método que ele ainda não havia testado antes, então resolveu aprofundar seu desenvolvimento. A técnica funcionou tão bem com os alunos que Gregersen resolveu levá-la para a consultoria nas empresas, adotando-a em corporações como Chanel, Danone e Disney.

Um dos principais benefícios observados é que o brainstorming com perguntas leva os participantes a territórios desconhecidos, contribuindo para derrubar preconceitos, já que todos estão condicionados desde muito cedo a agir em função de respostas.

Após diversos experimentos, Gregersen chegou à estrutura definitiva que batizou como *"question burst"* [explosão de perguntas]. O método consiste em três passos:

1. **Selecione um desafio com o qual você se preocupa profundamente.** Aqui retomamos a importância da adequada compreensão do problema em foco.

    Convide algumas pessoas a pensar nesse desafio sob ângulos diferentes. É importante que esse grupo seja composto de pessoas com experiências e repertórios diversos, para que seja possível acessar uma base de conhecimento mais ampla e variada. Com mais indivíduos na discussão, há uma percepção de aumento da vulnerabilidade, já que a preocupação com o tema em foco avança os domínios do espaço controlado, porém a empatia motivada por meio de novos participantes impulsionará a geração de ideias, trazendo perspectivas não mapeadas anteriormente. Além disso, a iniciativa engajará mais pessoas de uma forma não ameaçadora e impositiva (esse aspecto será fundamental na fase de implementação das soluções, visto que esses indivíduos se sentirão pertencentes a todo o processo).

Também é bom convidar pessoas que não tenham envolvimento direto com o desafio e cujo estilo cognitivo e visão de mundo sejam diferentes dos seus. Elas suscitarão perguntas surpreendentes e convincentes, porque não estão habituadas a pensar sobre esse problema.

A explosão de perguntas visa criar um espaço seguro e reduzir a ansiedade dos participantes por respostas, gerando maior profundidade na exploração das alternativas possíveis. O conceito central é diminuir a pressão do julgamento que indivíduos podem sentir para apresentar respostas corretas e adequadas ao problema em foco.

Uma vez reunido o grupo de participantes para o exercício, é necessário que o facilitador apresente uma explicação profunda, porém breve (a sugestão é destinar dois minutos para essa etapa) do problema. É importante compartilhar uma visão futura expondo por que as coisas melhorariam se o problema fosse solucionado e onde ele está paralisado ou sem evolução. Essa perspectiva contribui para que todos entendam a relevância prática do exercício e seus benefícios para a organização e os indivíduos.

Antes de iniciar a rodada de perguntas, cabe ao facilitador apresentar duas regras indispensáveis: as pessoas devem contribuir somente com perguntas (quem apresentar possíveis soluções será reconduzido pelo facilitador) e não devem fazer preâmbulos que justifiquem suas perguntas (novamente, para não influenciar e direcionar as demais perguntas).

No início e ao término do exercício, o facilitador deve destinar um momento – não mais que dez segundos – para que todos chequem seu estado emocional com a tarefa. Seus sentimentos são positivos, negativos ou neutros?

Essa fase é fundamental, já que as emoções afetam a energia criativa. O exercício é bom, não somente para gerar perguntas, mas também como estímulo emocional. Gregersen adverte que a energia criativa deverá diminuir ao longo do exercício, porque obstáculos inesperados surgem no caminho, portanto essa fase inicial de preparação é indispensável, pois contribuirá para superar esses pequenos desafios e definirá "combinados" entre o grupo, incrementando o engajamento de todos com a proposta da dinâmica.

2. **Brainstorming de perguntas.** Serão destinados cerca de quatro minutos para que todos coloquem suas questões. O facilitador deve se dedicar a suprimir qualquer resistência a contribuições de qualquer participante. Quanto mais surpreendentes e provocativas forem as perguntas, melhor. Gregersen conta que, em muitas empresas em que aplicou o exercício, pôde observar o quão angustiante é para os líderes não apresentarem respostas, mesmo durante quatro minutos. Esses líderes estão muito aferrados à sensação de que precisam ter as respostas. Por esse motivo, o facilitador deve ser muito rigoroso em não permitir manifestações que não sejam em forma de perguntas, além de coibir a tentativa de gerar soluções precipitadamente. Nessa etapa da dinâmica, a ênfase é na quantidade. Por isso, ao incentivar que o grupo faça tantas perguntas quanto possível, elas devem ser curtas, simples e originais.

Passados os quatro minutos, o facilitador deve conduzir uma discussão para que o grupo chegue a pelo menos quinze perguntas. Essas questões serão registradas de maneira clara e objetiva para que todos estejam de acordo com seus enunciados. É necessário sempre enfatizar aos participantes que realizem essa tarefa com a maior honestidade e transparência possível, evitando qualquer sensação de censura posterior que possa ser gerada ou mesmo eliminando perguntas que, sob sua perspectiva, não são relevantes.

É importante que o líder do processo (facilitador) também coloque suas perguntas quando todo mundo estiver colaborando. Elas revelarão padrões de como esse agente costuma abordar problemas contribuindo para a compreensão de sua própria dinâmica.

Gregersen comenta que os quatro minutos e as quinze perguntas, no mínimo, não são como mágica. De acordo com sua experiência prática, estipular um tempo e uma quantidade de questões ajuda todos a se manterem fiéis à regra de só fazer perguntas, sem muitas elaborações prévias, e atingir a meta. Estudos também afirmam que uma pressão moderada ajuda na criatividade.

Ao final de cerca de três minutos e meio, é natural que a energia caia um pouco, principalmente a dos principiantes, porque a atenção sustentada seletiva realmente é custosa ao cérebro humano. Ao final do exercício, é importante checar o humor de todos. Se a energia tiver baixado muito, impactando o resultado do exercício, pode ser necessário repetir o processo ou esperar para refazê-lo no dia seguinte. Se ainda assim a dinâmica não evoluir, é importante considerar fazer alterações no grupo de participantes, substituindo alguns.

As pesquisas demonstram que a resolução criativa de problemas floresce em ambientes positivos. Gregersen se diz convencido, após várias rodadas de seu método com variados líderes e equipes, que parte da potência da explosão de perguntas reside no fato de ela proporcionar outro ponto de vista aos participantes, tirando-os do estado de paralisia ou acomodação.

3. **A partir das quinze questões formuladas, o grupo deve selecionar e se comprometer com uma delas.** A partir dessa seleção devem ser estudadas, em profundidade, as respostas a essa questão, dando um enfoque especial àquelas que indicam novos caminhos.

Esse exercício deve produzir ao menos uma resposta que contribuirá para abordar o problema de um jeito novo.

De acordo com Gregersen, é possível expandir o entendimento da pergunta selecionada em outras para gerar mais perspectivas. Um jeito clássico é por meio dos cinco porquês, de Sakichi Toyoda, fundador da Toyota, ou da variação sugerida por Michael Ray na obra *The Highest Goal* [O objetivo mais alto].[28] Primeiro, o grupo deve se perguntar por que a pergunta selecionada é importante ou significativa. Então, a pergunta a ser formulada é por que a razão que o grupo apresentou é importante, e assim por diante, sucessivamente até que as respostas se esgotem.

Ao final da dinâmica é imperativo que o grupo se comprometa a perseguir pelo menos um novo caminho formulado. Deve ser enfatizado o compromisso em deixar de lado as considerações do que poderia ser mais confortável ou fácil de implementar. O foco deve ser a resolução que gere mais impacto. A partir daí, deve ser elaborado um plano de ação de curto prazo que englobe quais iniciativas serão implementadas nas próximas três semanas para encontrar soluções potenciais sugeridas pelas novas questões.

---

[28] RAY, M. **The Highest Goal**: The Secret That Sustains You in Every Moment. Oakland: Berrett-Koehler Publishers, 2005.

O autor recomenda fazer pelo menos três rodadas desse exercício para determinado problema, de modo a aprofundar o pensamento e exercitar a dinâmica. A tendência é que o processo se torne mais fácil a cada vez que for realizado, tendo o potencial de se transformar em um ritual comum para a organização quando todos estiverem familiarizados com sua dinâmica. Considere esse método como uma ferramenta para fomentar o ambiente investigativo e a pergunta como recurso estratégico da empresa.

Cabe uma observação bem específica para o processo de formulação das perguntas. As questões do tipo "e se" apresentam um potencial desencadeador de potentes insights. Elas não apenas desafiam o *statu quo*, mas também abrem caminho para novas possibilidades, rompendo com padrões estabelecidos.

Ao recuar e reexaminar algo que você tem olhado da mesma forma por anos, pode surgir uma sensação peculiar – quase como se estivesse vendo aquilo pela primeira vez. Na já citada obra *A More Beautiful Question*, o autor menciona Bob Sutton, professor da Stanford University, que descreve essa experiência com o termo "vuja de". Diferente do *déjà vu*, em que um lugar desconhecido parece estranhamente familiar, o "vuja de" acontece quando algo familiar de repente revela algo novo. É como enxergar com olhos renovados um ambiente antes negligenciado.

Sutton argumenta que se treinar para adotar a lente do "vuja de" é uma forma poderosa de desbloquear novas perspectivas. Essa prática permite que indivíduos revisitem o conhecido sob um ângulo diferente, desvendando inconsistências, identificando métodos obsoletos e descobrindo oportunidades latentes.

Ao utilizarem esse olhar, esses indivíduos não apenas reavaliam práticas já enraizadas, mas também estimulam novas perguntas. É nesse ato de desafiar o familiar que as perguntas "e se" ganham força: "E se fizermos de outra forma?"; "E se questionarmos o porquê dessa prática?"; "E se olharmos para isso sob a ótica do cliente?".

Essas perguntas criam um movimento dinâmico dentro das organizações, permitindo que elas explorem caminhos antes inexplorados. Adotar essa abordagem não significa descartar o passado, mas revisitá-lo com o objetivo de encontrar formas mais eficazes e inovadoras de avançar.

Toda essa construção orientada a instituir um ambiente investigativo relacionado a uma cultura de aprendizado, no entanto, ainda compreende um desafio: como garantir que as resoluções geradas por essas perguntas sejam, realmente, valiosas e promissoras.

Uma questão que emerge dessa indagação é: como separar o joio do trigo? Como implementar uma reflexão que não tenha viés sobre as resoluções derivadas desse processo avaliando quais são relevantes e quais não têm validade?

Uma das chaves para o pensamento crítico é a imparcialidade, o que requer considerar múltiplas perspectivas para o mesmo problema. Pensadores críticos são treinados para perguntar: "Qual é o outro lado desta questão?". Estimular esse hábito a partir das resoluções definidas no processo contribuirá para que sempre seja levada em conta uma visão oposta sobre o assunto ou tema em questão, colaborando para garantir uma visão imparcial.

Ao tentar considerar o "outro lado", é sempre relevante ter em mente que também pode ser útil perguntar: "Existe realmente outro lado?". Um dos principais desafios em processos como esse é garantir que exista a isenção do pensamento sem cair no risco da paralisia de questionamentos sem fim. Esse padrão levará todo o processo ao descrédito, já que se mostrará muito distante da realidade e das demandas da organização. Calibrar reflexão crítica com pragmatismo é essencial.

Outra maneira simples, mas eficaz, de entender se essa resolução tem valor é perguntar: "Se meu amigo fosse adotar essa decisão, que conselho eu daria?". A questão do "conselho" é defendida por muitos especialistas em processos decisórios, incluindo o autor e psicólogo Dan Ariely, da Duke University, autor de *Previsivelmente irracional*.[29] Ele explica que, por mais estranho que possa parecer, damos conselhos mais sensatos aos outros do que a nós mesmos.

Nessa mesma linha da busca do distanciamento da solução, outra estratégia é perguntar a si mesmo sobre a decisão usando a terceira pessoa. Por exemplo: "O que *o fulano* deveria fazer nesta situação?" (em vez de "O que *eu* devo fazer?").

Finalmente, outra opção é recorrer a uma visão externa, seja de um conselheiro, consultor ou *expert* que tenha experiência e repertório consagrado referente ao tema em questão. Essa perspectiva de fora, a despeito de não poder ser determinista, pode trazer outros pontos de vista não mapeados ou áreas capazes de gerar efeitos negativos. A única ressalva acerca dessa iniciativa é que ela pode resultar em uma revisão total da resolução definida. É importante estar preparado para essa consequência indesejada, já que isso significará alinhar todos e rever todas as proposições realizadas durante toda a dinâmica.

A estrutura de transformar as perguntas em um ativo estratégico, como você pode perceber, envolve mais do que um desejo. Ela se consolida a partir do momento em que é constituído um sistema que considera estruturas, rituais e processos claros orientados a esse propósito.

Nosso principal objetivo é demonstrar que, embora seja uma tarefa eminentemente cognitiva inerente a qualquer ser humano, quando consideramos a perspectiva organizacional é mandatório

---

29 ARIELY, D. **Previsivelmente irracional**. Rio de Janeiro: Sextante, 2020.

um projeto estruturado que crie as bases para transformar esse comportamento em um recurso a ser acessado sempre que houver uma condição necessária à sua aplicação.

A figura que utilizamos de Isaac Newton no início do capítulo deve servir como uma bússola na definição dessa estratégia: o momento "eureca!" é consequência de uma longa jornada de conhecimento. O acaso sempre ocupa papel importante em processos como esse, porém há a oportunidade de instituir um sistema em que intencionalmente se busca potencializar a geração do pensamento original e criativo por toda a corporação.

Fica evidente que existe uma correlação clara entre a criação de uma cultura e um ambiente investigativo e um dos sistemas mais relevantes da atualidade corporativa: a inovação.

Considerando-se que o propósito final desse sistema é o pensamento original e criativo, é natural que seja um recurso indispensável no desenvolvimento de empresas e projetos inovadores. Essa conexão é tão relevante que decidimos destinar um espaço especificamente a essa abordagem.

Como utilizar as perguntas para gerar uma empresa mais inovadora? Mais uma vez, observaremos que não basta o desejo de viabilizar essa associação. São necessárias intencionalidade e proatividade. Isso é o que veremos no próximo capítulo.

4

Como utilizar perguntas para fomentar a inovação

?

Não é novidade que a inovação é um dos imperativos estratégicos da atualidade nos negócios. A dinâmica das transformações organizacionais, a propósito, é o principal motor de nossas pesquisas e dos estudos traduzidos em dez livros de negócios de nossa autoria, a maioria deles relacionados ao tema. A razão principal para a inovação ocupar esse espaço de destaque deriva de um ambiente com alto nível de competitividade cujos índices têm atingido patamares inéditos em praticamente todos os setores da economia.

A essência da competição é a diferenciação. Quanto maior for o nível de concorrência em um segmento, maior é a necessidade da busca pela diferenciação sustentável, já que, ao se deparar com inúmeras opções concorrentes, o cliente optará por aquelas que lhe ofereçam uma experiência superior. Não havendo a percepção de diferenciação, a tendência é a comoditização das ofertas e, consequentemente, o foco no preço em detrimento do valor embarcado na solução.

Se por um lado a ascensão da tecnologia trouxe o incremento da concorrência, por outro habilitou inúmeras alternativas para viabilizar soluções originais e diferenciadas. É aí que entram a relevância e a acessibilidade da inovação para qualquer organização.

Atualmente, é perceptível o entendimento da importância desse sistema por parte de líderes e empresas que buscam fomentar uma cultura inovadora em seus negócios. Contudo, os desafios não são pequenos, já que se trata de uma estrutura complexa que envolve alta dose de incerteza e imprevisibilidade. O primeiro passo nessa jornada é formar as bases para que a organização toda esteja apta a viabilizar a inovação em seus negócios, e isso envolve compreender exatamente a importância das perguntas nesse contexto.

Em sua essência, a inovação é a resposta a questionamentos poderosos e inquietantes. Ou seja, a inovação é fruto das perguntas. A base para um novo empreendimento ou projeto é, justamente, as reflexões advindas de questões que geram inquietudes. Sem perguntas não há inovação, pois o sistema se acomoda na manutenção do *statu quo* sem interesse pelo novo.

Criar diferenciação por meio da inovação deve ser uma das principais prioridades estratégicas para qualquer líder. Aprender a fazer as perguntas certas e exercitar esse comportamento é o passo inicial para expandir o alcance das possibilidades de um projeto ou negócio.

Ao estudarmos a evolução do mundo empresarial, fica evidente a relevância das perguntas desde idos longínquos. É possível atestar que produtos de sucesso, negócios e até setores inteiros começaram sua jornada a partir de um questionamento estratégico.

No passado, voar era acessível a pouquíssimas pessoas. Apenas os mais abastados tinham a possibilidade de experimentar os benefícios da aviação. Foi quando empreendedores como William Boeing (fundador da Boeing, em 1916) e Juan Trippe (fundador da Pan American, em 1927) se dedicaram a responder a uma pergunta estimulante: "E se todos pudessem viajar de avião mais rápido e de modo acessível para qualquer lugar do mundo?".

A partir de então, empresas surgiram para atender a essa demanda, dando origem ao pujante segmento de aviação comercial. Atualmente, é dos setores mais relevantes da economia, impulsionando negócios e outros setores, como o turismo, com um movimento financeiro de mais de 218 bilhões de dólares em 2024[30] e

---

30 MORDOR INTELLIGENCE. **Tamanho do mercado de aeronaves comerciais e análise de participação**: tendências e previsões de crescimento (2024–2029). Disponível em: www.mordorintelligence.com/pt/industry-reports/commercial-aircraft-market craft-market. Acesso em: 21 mar. 2025.

um tráfego global estimado em cerca de 5 bilhões de passageiros (dados da Associação Internacional de Transporte Aéreo – IATA).[31]

No mesmo setor, um modelo de negócios inovador emergiu com força, redefinindo todas as fronteiras do segmento, fruto de uma pergunta inquietante. Em 1967, Rollin King e Herb Kelleher, os fundadores da Southwest Airlines, olharam para o setor aéreo dos Estados Unidos e se perguntaram: "E se criássemos uma companhia aérea que tornasse o voo tão acessível quanto o transporte rodoviário?".[32]

Essa questão simples, mas ousada, confrontava a realidade de um setor dominado por altos preços e exclusividade. A inquietude por democratizar o acesso aos céus impulsionou a criação de um modelo disruptivo: voos de baixo custo, com operações simplificadas e foco absoluto na eficiência, modelo que ficou conhecido e popularizado como o de *low fare, low cost* [baixa tarifa, baixo custo].

A Southwest Airlines nasceu em 1971 com uma abordagem diferente. Operando inicialmente no Texas, a empresa norte-americana desafiou paradigmas ao concentrar suas operações em aeroportos menores, evitar conexões complicadas e oferecer tarifas acessíveis para o público geral. A inquietude dos fundadores não só deu origem ao conceito *low fare, low cost* como transformou o transporte aéreo globalmente.

Hoje, a relevância da Southwest Airlines é comprovada por números que refletem sua força. Em 2023, a companhia transportou mais de 137 milhões de passageiros, liderando o mercado

---

[31] INTERNATIONAL AIR TRANSPORT ASSOCIATION – IATA. **Perspectiva de lucro das companhias aéreas melhora para 2024.** Disponível em: www.iata.org/contentassets/1cf212b329d54614bc75 65dac38672ea/2024-06-03-01-pt.pdf. Acesso em: 21 mar. 2025.

[32] FREIBERG, K.; FREIBERG, J. **Nuts!**: Southwest Airlines' crazy recipe for business and personal success. Birmingham: Crown Currency, 1998.

doméstico nos EUA. Seu faturamento ultrapassou 26 bilhões de dólares, com uma frota de mais de oitocentas aeronaves Boeing 737, operando em mais de 120 destinos.[33]

A principal inovação da empresa foi em seu modelo de negócios, que representou a possibilidade não apenas de proporcionar uma tarifa mais acessível a seus clientes, mas também, e sobretudo, de desenvolver um sistema operacional que permitisse gerar esse benefício por meio de um modelo lucrativo. Antes da pandemia de covid-19, a companhia teve lucro consecutivo em todos os trimestres de sua história, um recorde para um setor altamente instável e complexo.[34]

As perguntas continuaram sendo estimuladas na companhia a partir de sua matriz: "Como é possível diminuir o tempo da aeronave em solo?"; "E se não fosse adotado o sistema de *hub* em um único aeroporto para otimizar as frotas?"; "Como diminuir o custo da manutenção?"; e assim por diante.

Essa estratégia foi tão poderosa que o modelo *low fare, low cost* se espalhou por diversos setores da economia, como varejo (o Walmart é uma excelente referência), saúde e alimentação. Todo esse movimento foi deflagrado por uma pergunta poderosa que não somente redefiniu o paradigma de um setor inteiro, mas também inspirou a formatação de um novo modelo de negócios para empresas em todo o mundo.

---

[33] SOUTHWEST AIRLINES CO. **2023 Annual Report to Shareholders**. Disponível em: www.southwestairlinesinvestorrelations.com/~/media/Files/S/Southwest-IR/2023-annual-report.pdf. Acesso em: 21 mar. 2025.

[34] SOUTHWEST AIRLINES CO. **2019 Annual Report to Shareholders**. Disponível em: www.southwestairlinesinvestorrelations.com/~/media/Files/S/Southwest-IR/LUV_2019_Annual%20Report.pdf. Acesso em: 21 mar. 2025.

Empresas inovadoras trazem o hábito das perguntas em seu DNA

O caso da Google é emblemático. Na gênese da empresa estão as perguntas. O produto responsável pela popularização e pelo crescimento da organização é uma ferramenta de perguntas (a essência de seu mecanismo de buscas), e muitos de seus líderes já definiram que a empresa funciona por meio das perguntas, que integram sua cultura e ocupam uma função primordial na busca por viabilizar inovações em seu negócio.

A relevância das perguntas faz parte da concepção e da essência de centros consagrados de inovação no mundo todo, como no Vale do Silício, onde empreendedores precisam imaginar, diariamente, como criar produtos e negócios do nada, enquanto navegam em condições de mercado altamente competitivas e voláteis.

A cultura das perguntas constantes contribui para que as pessoas possam agir e pensar em meio à incerteza e à imprevisibilidade, condições básicas de qualquer processo inovador.

Empresas inovadoras são inquietas e eternamente insatisfeitas com os padrões estabelecidos. Por isso, frequentemente questionam sua própria existência, com perguntas do tipo: "Como podemos gerar mais ideias?"; "Como podemos fazer o que fazemos de modo mais rápido e acessível"; ou "Como podemos testar nossas ideias com agilidade de maneira mais barata ou sem custo algum?".

Uma simples questão que muda a realidade de seu interlocutor pode permitir que o mundo seja visto por meio de outras lentes, o que dá espaço para o florescimento do pensamento original e criativo.

Engana-se quem imagina que esse processo é um ato de serendipidade, ou seja, acontece de modo casual e natural. Mais uma vez, enfatizamos o sistema que exploramos no capítulo anterior e a metáfora do "eureca!". Inovar não é uma capacidade nata que emerge com a empresa ocasionalmente, fruto da sorte. Pelo contrário, a despeito de ser uma habilidade universal, passível de ser desenvolvida por qualquer organização, é necessário instituir uma maneira organizada e metódica para gerar, priorizar e executar grandes ideias (se tiver interesse em se aprofundar em um método mais estruturado, sugerimos a leitura de *A estratégia do motor 2*[35]).

Inovar não é fácil. É preciso muito trabalho e esforço para criar uma ideia nova e radical.

Na já citada obra *Questions Are the Answer*, Hal Gregersen menciona a visão de Lionel Mohri, líder de inovação da empresa americana Intuit, que atua no segmento de tecnologia financeira. Segundo ele, "a inovação não tem a ver realmente com soluções – na realidade, tem a ver com as perguntas certas... Se você não fizer as perguntas certas, você não vai obter as soluções certas".[36] Especialmente se as pessoas estão interessadas em quebrar paradigmas e fazer inovação disruptiva, é necessário ir para um nível superior de reformulação de perguntas.

Clayton Christensen é reconhecido como um dos maiores especialistas em inovação empresarial da história dos negócios. O professor veterano da Harvard Business School, que nos deixou em 2020, introduziu o termo "inovação disruptiva" no léxico empresarial e foi pioneiro ao promover o tema ao topo da agenda do líder corporativo e das organizações. Suas ideias foram adotadas por líderes como Andy Grove, ex-CEO lendário da Intel, e Steve Jobs, fundador da Apple.

O próprio processo de desenvolvimento do pensamento de Christensen é uma metáfora da relevância das perguntas no fomento de ideias originais. No final da década de 1990, quando ainda era um professor menos conhecido, vislumbrou um movimento que começou

---

[35] MAGALDI, S.; SALIBI NETO, J. **A estratégia do motor 2**: como tornar a inovação parte do dia a dia do seu negócio. São Paulo: Gente, 2024.

[36] GREGERSEN, H. **Questions Are the Answer**: A Breakthrough Approach to Your Most Vexing Problems at Work and In Life. Nova York: HarperBusiness, 2018. p. 51.

a lhe gerar desconforto: por que uma série de empresas bem-sucedidas e líderes de mercado estavam sendo surpreendidas por recém-chegados que ofereciam produtos ou serviços que talvez não fossem tão bons, mas eram mais simples, mais convenientes e mais acessíveis?

Basicamente, Christensen foi um dos primeiros a visualizar a ruptura que seria causada pela chegada das chamadas *startups*, que revolucionaram os mercados. Companhias que outrora eram apenas de garagem, como Amazon, Google e Facebook, acabaram se consolidando, ao longo das últimas décadas, como as protagonistas da chamada "nova economia" e, atualmente, atingem patamares inéditos em valor de mercado e penetração global.

A inquietude gerada por essa indagação deu origem a uma vasta e profunda linha de estudos que são a base da obra clássica publicada pelo autor em 1997, *O dilema da inovação*,[37] primeira expressão formal com esses achados.

Tais estudos e pesquisas mostram que muitas empresas líderes em seus setores fracassam ao enfrentarem mudanças disruptivas porque se concentram demais em atender às necessidades de seus clientes atuais e em melhorar produtos existentes, deixando de lado novas tecnologias ou mercados emergentes. Em síntese, essas empresas param de se questionar sobre sua própria existência. Param de perguntar.

Christensen continuou dedicando-se a pesquisar esse contexto e em 2011, juntamente com Jeff Dyer e Hal Gregersen (novamente o autor aparece por aqui), publicou a obra *DNA do inovador*,[38] em que afirmam que os líderes de negócios, em sua maioria,

---

[37] CHRISTENSEN, C. M. **O dilema da inovação**: quando as novas tecnologias levam empresas ao fracasso. São Paulo: M.Books, 2011.

[38] DYER, J.; GREGERSEN, H.; CHRISTENSEN, C. M. **DNA do inovador**: dominando as 5 habilidades dos inovadores de ruptura. Rio de Janeiro: Alta Books, 2019.

ainda não estão se questionando o suficiente, em especial o tipo certo de perguntas.

Soluções inovadoras não surgem de qualquer pergunta; elas emergem de perguntas melhores. Ao melhorar a qualidade do questionamento, a empresa aumenta a chance de obter respostas melhores. Para Christensen, "As perguntas são lugares em sua mente onde as respostas cabem. Se você não fez a pergunta, a resposta não tem para onde ir".[39]

Um dos paradoxos importantes em toda evolução organizacional é que, a despeito de o mundo ter se transformado e o processo continuar em curso cada vez mais rapidamente, há uma tendência de empresas e líderes tradicionais se apegarem a ideias óbvias. Essas ideias tiveram sua relevância e foram decisivas no passado; no entanto, para progredir é necessário se desapegar desses conceitos, ignorando a obviedade de conceitos já existentes para se abrir ao novo. Sem praticar esse desapego, não haverá espaço para a inovação.

Na obra *Inovação e espírito empreendedor*,[40] Peter Drucker comenta que o abandono é a chave para inovação. Ele explica que a inovação requer foco e que isso só é possível se as organizações abandonarem o que já não é eficaz. Esse processo de abandono sistemático deve ser visto como uma prática regular, quase como uma rotina de "higiene organizacional". As perguntas de qualidade realizadas com frequência questionando o modelo atual são a base para essa reciclagem, que confronta os saberes existentes e consolidados.

Executar essa transformação é um processo complexo e profundo que traz inúmeras consequências para todo o sistema da organização. Como não poderia ser diferente, o líder ocupa papel central

---

39 GREGERSEN, H. *op. cit.* p. 17.
40 DRUCKER, P. *op. cit.*

no desenvolvimento de uma estrutura que sistematicamente questiona o óbvio e sua própria existência para gerar inovações.

Um dos achados importantes dos estudos presentes na já citada obra *DNA do inovador* é que líderes inovadores têm uma propensão muito maior a fazer perguntas, especialmente aquelas que desafiam o *statu quo*. Embora possa parecer uma característica nata – "parte do DNA desses líderes" –, Christensen não tinha certeza dessa premissa antes de iniciar suas pesquisas.

Suas hipóteses navegavam mais na linha de entender que talvez esse seja um daqueles comportamentos que só surgem ou se mostram bem-sucedidos em certos lugares – o contexto é mais relevante do que o indivíduo. Talvez, se for desejado que questionamentos mais produtivos sejam feitos, basta criar as condições que os favoreçam em vez de, por exemplo, tentar contratar mais indivíduos "questionadores".

Ao evoluir com suas pesquisas, no entanto, o pensador se deu conta de que o líder é um dos elementos mais relevantes na estruturação de um sistema orientado à inovação constante e um comportamento questionador compõe o perfil desses indivíduos, já que os mais bem-sucedidos e criativos líderes de negócios tendem a ser *experts* perguntadores. Esses líderes estabelecem como padrão questionar a sabedoria convencional de seus negócios, as práticas fundamentais de suas empresas e até mesmo a validade de suas próprias suposições.

Quando produzimos a obra *Liderança disruptiva*,[41] entrevistamos pessoalmente dezesseis *experts* no mundo todo. Um deles foi David Niekerk, que atuou durante dezesseis anos na Amazon, onde ingressou em 1999 como o primeiro líder de RH da empresa. David comentou nessa entrevista que um dos mantras

---

41 MAGALDI, S.; SALIBI NETO, J. **Liderança disruptiva**: habilidades e competências transformadoras para liderar na gestão do amanhã. São Paulo: Gente, 2022.

enfatizados por Jeff Bezos é que "toda empresa caminha para a mediocridade", e com a Amazon esse processo não seria diferente. Essa sentença e o comportamento de reforçá-la com frequência demonstram o interesse do principal líder da organização em gerar inquietude constante na busca por novas soluções e perspectivas para seu negócio. Não é à toa que a Amazon é uma das empresas mais inovadoras do planeta, e esse traço mantém-se em seu DNA mesmo após o fundador não estar mais presente na operação. Se toda empresa tende à mediocridade, quais iniciativas podem ser realizadas para gerar novos ciclos de evolução em seu negócio? O que devemos parar de fazer e o que deve ser introjetado de novo na organização? Mais do que perguntas de impacto, esse é um comportamento sistematicamente adotado por líderes de organizações vencedoras que visam garantir sua sustentabilidade futura com equilíbrio, consistência e inovação constante.

Alguns creem que esse comportamento pode acarretar mais entraves do que benefícios, pois fazer perguntas pode ser entendido como algo ineficiente, já que estão ansiosos para agir e, geralmente, sentem não ter tempo para questionar. A ação tem mais valor do que a reflexão.

As pesquisas de Christensen demonstram justamente o contrário: a prática do questionamento é um fator-chave de sucesso entre executivos inovadores. Uma das fontes dessa descoberta foi a pesquisa do padrão de comportamento dos chamados "inovadores", na qual foi identificado que esses indivíduos produzem uma alta proporção de perguntas em relação a respostas.

Mentes inquiridoras têm o potencial de identificar novas oportunidades e possibilidades originais antes que os concorrentes tenham consciência delas. E esse é um aspecto decisivo em um ambiente de hipercompetição.

Gregersen enfatiza esse desafio em sua obra quando relata uma experiência pessoal que ocorreu em uma palestra em Cingapura.

Na ocasião, ele foi abordado por um indivíduo que manifestou sua preocupação principal como líder de sua organização:

> Do começo ao fim da minha empresa, fui promovido principalmente por ter todas as respostas certas. Agora que estou no papel de CEO, percebo que não se trata de respostas. Provavelmente, trata-se mais de fazer as perguntas certas. E não tenho muita certeza se sei como fazer isso.[42]

Importante enfatizar, novamente, o quão desafiante é introduzir esse sistema de pensamentos em organizações tradicionais. Como já mencionamos em capítulo anterior, a própria estrutura hierárquica desencoraja as pessoas a fazerem perguntas de qualquer tipo, já que se valoriza a especialização. A tendência é o favorecimento de perguntas convergentes, buscando apenas informações factuais que fortalecerão as teses existentes em detrimento de afrontar o conhecimento estabelecido. Em tais ambientes, as chaves para sobreviver e prosperar são respostas racionais e "inteligentes". As pessoas progridem se posicionando e entregando soluções para os problemas existentes com pouco estímulo e reconhecimento por aqueles que ostentam uma mente mais inquieta.

A consequência desse processo é evidente. Quem acaba ocupando o principal posto de liderança da organização? Alguém que reza dessa mesma cartilha, como o CEO mencionado por Gregersen. Via de regra, são gerentes que foram tolhidos de expressar sua inquietude e forjados há tanto tempo nessa lógica que nem sabem como lidar com isso quando chega sua vez no topo.

---

42 GREGERSEN, H. *op. cit.* p. 28.

Alguns nem têm o nível de consciência da relevância desse comportamento para o sucesso de sua organização.

No passado, esse modelo foi bem-sucedido porque as empresas não tinham a necessidade de inovar constantemente. Bastava ao líder ser um exímio gestor, e seus objetivos eram alcançados. Porém, em um ambiente dirigido pela inovação, ser um bom gestor é apenas uma parte das responsabilidades essenciais de qualquer líder.

Em *Liderança disruptiva*, cunhamos o termo "líder ambidestro" como uma das oito novas habilidades a serem desenvolvidas nesse novo ambiente de negócios. Tal ambidestria compreende que esse líder deve equilibrar sua ação em duas perspectivas: a manutenção do crescimento da companhia no presente e a construção de sua sustentabilidade futura. De um lado, esse líder deve garantir a maior eficiência possível para o negócio maximizando todos os recursos disponíveis e gerenciando todas as variáveis passíveis de gestão. Do outro, esse mesmo líder deve estar atento às mudanças – cada vez mais rápidas – de mercado, preparando a companhia para se adaptar a essas transformações. Não é fácil para os líderes destinarem um tempo em suas agendas para olhar para o futuro. Trata-se de um processo complexo por definição, já que ninguém tem bola de cristal e previsões podem não ser tão confiáveis ou trazer consigo interesses distintos. Além disso, estudos mostram que o ser humano é cognitivamente inclinado a dar mais peso ao que é conhecido, às coisas que estão acontecendo agora ou aconteceram recentemente.

Há uma frase clássica de Bill Gates, um dos fundadores da Microsoft: "Nós sempre superestimamos as mudanças que ocorrerão nos próximos dois anos e subestimamos as que ocorrerão nos próximos dez".[43]

---

[43] 3 FRASES de Bill Gates para ajudar investidores. **Forbes**, 24 ago. 2017. Disponível em: https://forbes.com.br/negocios/2017/08/3-frases-de-bill-gates-para-ajudar-investidores/#foto2. Acesso em: 21 mar. 2025.

Para pensar sobre o futuro, é necessário primeiro tentar visualizá-lo, e para fazer isso é preciso elaborar perguntas sobre esse tema. Questões do tipo "Como podemos nos tornar a empresa que nos tiraria do mercado?" ou "Como seria esse novo competidor e por que ele teria uma vantagem sobre nós?" podem e devem ser estimuladas pelo líder da organização. Algumas empresas vitoriosas no passado negligenciaram perguntas com esse perfil e foram superadas por novas organizações, como Netflix, Apple, Spotify e Uber, que tiveram a licença de serem geradas a partir de reflexões poderosas.

Um método que pode ser adotado para que líderes incentivem reflexões sobre o potencial futuro do negócio são as chamadas questões especulativas; e aí, mais uma vez, enfatizamos a relevância do "E se...?": "E se tivéssemos a capacidade de fazer o que fazemos agora com muito mais rapidez e eficiência?"; "E se criássemos o local de trabalho ideal para nossos funcionários inovarem, como seria o seu dia de trabalho?"; e assim por diante.

É imperativo que esteja no topo da agenda de líderes analisar como as atividades e interações cotidianas podem servir para ampliar sua visão do que está acontecendo e do que pode vir a seguir. Desenvolver visões diferentes de como o ambiente externo pode mudar permite a executivos e empreendedores que ocupam essa posição em seus negócios determinar, de maneira mais adequada, como a organização deve adotar a flexibilidade estratégica suficiente para ser bem-sucedida.

Um dos desafios mais recorrentes que observamos em estruturas tradicionais é como promover esse pensamento criativo em organizações formadas por pessoas com perfil similar. Há uma tendência clara à composição de times com indivíduos que tenham mentalidades e visões de mundo muito similares. Com isso, é inevitável que exista maior propensão a um mesmo estilo de reflexão. Líderes devem ser diligentes quanto a essa inclinação e sempre se perguntar – e incentivar a todos esse mesmo comportamento – se a equipe buscou informações discordantes o suficiente e se foram expostos todos os lados de uma questão antes de tomar uma decisão. Oferecer opiniões divergentes é especialmente essencial em se tratando de decisões estratégias relevantes e, sobretudo, relacionadas à inovação. Como instilar um pensamento original e singular se todos têm o mesmo repertório e a mesma mentalidade?

Estudos mostram que a tensão criativa promove a melhor geração de ideias e resolução de problemas em grupo. No artigo "The Power of Asking Pivotal Questions" [O poder de fazer perguntas cruciais],[44] os autores Paul Schoemaker e Steven Krupp mencionam o exemplo de John Lasseter, um dos fundadores da Pixar e ex-diretor de Criação da empresa adquirida pela Walt Disney, que praticava um desafio poderoso com sua equipe. A cada manhã, a equipe que trabalhava em um filme revisava o que fora produzido no dia anterior e era convidada a ver como podia melhorar. Eles eram estimulados a fazer perguntas difíceis, oferecer críticas honestas e apresentar alternativas. Essa prática está baseada na crença de que as decisões do time são superiores às feitas de modo individual, mas somente se tirarem as pessoas de suas zonas de conforto. Alguns membros do time tinham que se acostumar a serem desafiados e criticados, mas, com o tempo, a maioria conseguiu ver como o produto e suas decisões melhoravam por meio dessa prática. Com a execução disciplinada desse ritual, foi se consolidando um valor essencial para a cultura do negócio, introjetando a crença da relevância de considerar diversos pontos de vista para estruturar ideias originais – algo essencial para o negócio da Pixar até devido à sua natureza.

---

[44] SCHOEMAKER, P. J. H.; KRUPP, S. The Power of Asking Pivotal Questions. **MIT Sloan Management Review**, 16 dez. 2014. Disponível em: https://sloanreview.mit.edu/article/the-power-of-asking-pivotal-questions/. Acesso em: 13 mar. 2025.

O oposto do incentivo desse pensamento divergente é aderir, bovinamente, aos pontos de vista compartilhados – sobretudo aqueles de autoria de indivíduos em um nível hierárquico superior – ou sucumbir ao pensamento vigente da organização sem questioná-lo. Jeff Bezos aponta a "coesão social" como "a tendência enjoativa de pessoas que gostam de concordar umas com as outras e acham o consenso confortável".[45] Na Amazon, a prioridade é uma cultura em que os líderes desafiam decisões das quais discordam, mesmo quando fazer isso é desconfortável ou exaustivo.

Uma das principais ferramentas de gestão dos líderes da Amazon são seus Princípios de Liderança: "Usamos nossos Princípios de Liderança todos os dias, seja debatendo ideias para novos projetos ou decidindo a melhor abordagem para resolver um problema. Isso é apenas uma das coisas que tornam a Amazon peculiar".[46] Esses princípios estão sempre em mutação, mas geralmente, são cerca de quinze enunciados que funcionam como uma bússola definindo o que é permitido e o que não é tolerado na organização quanto ao comportamento de seus líderes.

Um desses princípios tem intensa correlação com a busca de convergência e divergência nas decisões, mencionada por Bezos. Ele é apresentado no enunciado "Ser firme, discordar e se comprometer" e define que, no contexto da organização,

> líderes são obrigados a desafiar respeitosamente as decisões das quais discordam, mesmo que isso seja incômodo ou muito cansativo. Líderes têm convicção

---

45 *Ibidem.*

46 AMAZON. **Princípios de liderança**. [s. d.] Disponível em: www.amazon.jobs/content/pt/our-workplace/leadership-principles. Acesso em: 13 mar. 2025.

e são obstinados. Eles não cedem em prol da coesão social. Depois que uma decisão é tomada, comprometem-se por inteiro.

Observe que a forma como a declaração é exposta visa a não dar margens a diferentes interpretações: líderes devem adotar o pensamento divergente, porém, quando uma decisão é tomada, mesmo que não seja sua predileta, devem se comprometer com sua execução.

Essa premissa contribui para nosso entendimento do papel das perguntas como fomentadoras de reflexões, sem perder de vista a execução das decisões a partir de um ponto de consenso, evitando um ciclo que só fomenta as questões sem compromisso com a implantação das resoluções. Fomentar e preservar um ambiente em que esse comportamento se estabelece de modo sustentável e frequente é responsabilidade do líder da companhia. A disciplina na implementação desse modelo e o empenho em executá-lo (dando o exemplo) são condições indispensáveis para estimular uma cultura em que as perguntas têm papel fundamental não apenas para o desenvolvimento do pensamento criativo e inovador, mas também para transformá-lo em iniciativa prática, gerando vantagem competitiva para a empresa.

Entretanto, há um obstáculo poderoso que, se não for reconhecido e encarado com coragem, é um detrator decisivo para o líder nessa jornada de criação de um ambiente em que as perguntas são fontes de geração de inovações: o medo do fracasso. Todo processo que envolve uma inovação é, por definição, um sistema de erros e acertos. A própria natureza da gestação e da implementação de ideias inovadoras compreende o insucesso como sua parte integrante, haja vista a indefinição sobre sua evolução – se o projeto é original, não existem referências anteriores estabelecidas.

A verdade é que poucos líderes têm a coragem de ir além do discurso superficial quando o assunto é fracasso. Na maioria das organizações, os erros são encarados como um fardo, algo a ser temido e evitado a qualquer custo, e não como uma oportunidade para aprendizado e inovação. Essa mentalidade de aversão ao erro gera uma paralisia que sufoca a tomada de decisão, inibe o risco e dá preferência a respostas já existentes em detrimento de perguntas que provocam inquietude. Talvez o Vale do Silício seja uma das raras exceções nesse sentido. Um dos traços mais marcantes da mentalidade local é enxergar o fracasso quase como um marco no caminho para o sucesso. Essa compreensão difere, e muito, da existente na maior parte das empresas tradicionais, em que prevalece a cultura da culpa. Quando algo dá errado, a prioridade não é entender o que aconteceu, mas encontrar um culpado. Como resultado, erros são varridos para debaixo do tapete, e as lições potenciais que poderiam ser extraídas desaparecem com eles. É óbvio que, em um ambiente como esse, não será possível construir um sistema em que as perguntas ocupem espaço crucial para reflexões mais poderosas para o negócio, já que não há espaço sequer para esse tipo de reflexão.

Líderes devem entender que tal comportamento custa caro. Organizações que não aprendem com seus equívocos e falham em se adaptar rapidamente às mudanças tendem a perder relevância ao ignorar o poder transformador que pode emergir de um erro bem-compreendido. Não se trata aqui de fazer uma ode ao fracasso. Pelo contrário, o objetivo central é diminuir a propensão ao insucesso promovendo uma mentalidade segundo a qual todo e qualquer processo, bem-sucedido ou malsucedido, resulta em aprendizado e questionamento. Aliás, tão importante quanto aprender por que determinada iniciativa não deu certo é entender os motivos de seu sucesso. A não compreensão desses mecanismos acarreta a impossibilidade de aproveitar esses achados em jornadas futuras, o que compromete a escalabilidade do negócio, já que cada nova ideia começa sua caminhada do zero ignorando as experiências anteriores.

Aprender com os erros está diretamente relacionado ao mindset do líder, às perguntas que ele faz antes e depois de um evento inesperado e ao sistema que ele desenvolve para fundamentar esse comportamento. Líderes estratégicos abandonam a obsessão pela perfeição, entendendo que erros bem-intencionados fazem parte do processo. Eles criam espaço para que os contratempos sejam analisados de maneira estruturada, buscando compreender o que deu errado e, mais importante, por quê.

No fim das contas, o diferencial está em quão rapidamente e de modo adequado uma equipe consegue extrair aprendizado dessas situações. Tão relevante quanto evitar falhas é a capacidade de investigar o que ocorreu, sem culpas, mas com curiosidade. As equipes de alto desempenho não têm medo de errar porque enxergam os erros como passos necessários para avançar e tentam falhar de maneira rápida, frequente e barata – sabem que é nessa busca por inovação que estão as sementes do progresso. O líder é responsável por criar um ambiente em que a cultura de questionamentos emerja com força; para isso, deve estabelecer rituais e métodos que estimulem esse comportamento na rotina da organização.

Gregersen, Christensen e Dyer comprovaram que, quando se trata da geração de ideias originais, é relevante estabelecer conexões por meio de "questões, problemas ou ideias aparentemente não relacionadas".[47] A utilização de analogias, comparando uma empresa a outra ou a negócios divergentes, é um dos caminhos mais eficazes para inovações. No próximo capítulo, observaremos como esse método foi o responsável pela evolução de empresas como Uber e Netflix; trata-se de um recurso muito acessível de alto impacto que está à disposição de todo líder empresarial.

---

47 GREGERSEN, H.; CHRISTENSEN, C. M.; DYER, J. The Innovator's DNA. **Harvard Business Review**, dez. 2009. Disponível em: https://hbr.org/2009/12/the-innovators-dna. Acesso em: 20 mar. 2025.

Christensen propõe uma abordagem que pode ser utilizada em sessões de brainstorming, na qual as organizações se coloquem no lugar das melhores em seus respectivos mercados, imaginando como essas empresas enfrentariam os desafios apresentados. Esse tipo de questionamento não é apenas prático, mas aspiracional, pois eleva o nível da discussão e abre espaço para soluções mais ousadas.

Por exemplo:

- Como a Google gerenciaria nossos dados?
- Como a Disney poderia interagir com nossos consumidores?
- Como a Southwest Airlines reduziria nossos custos?
- Como a Zara redesenharia nossa cadeia de suprimentos?

Observe o enorme potencial de articulação e geração de insights poderosos que um exercício como esse proporciona. Ele desafia os participantes a mergulharem profundamente nas particularidades de negócios bem-sucedidos, ao mesmo tempo que estimula o pensamento criativo ao traçar paralelos com seus próprios projetos.

Com o uso de referências de organizações que atuam fora do mesmo segmento, evita-se o risco de uma reflexão limitada e puramente racional, baseada em padrões já consolidados no setor. Em vez disso, a organização se orienta pela melhor referência possível, escolhendo *benchmarks* de excelência de todo o mercado, e não apenas de seu nicho específico. Essa abordagem amplia o escopo das ideias e oferece uma visão mais ousada e inspiradora para a construção de novas soluções.

As perguntas articuladas nessa dinâmica servem como um convite para sair do lugar-comum. Elas tiram as equipes dos "padrões habituais de pensamento" e as ajudam a explorar novas perspectivas. O interessante é que esse exercício não requer ferramentas complexas – ele pode ser feito por qualquer organização disposta a desafiar suas próprias convenções e se inspirar nas práticas dos grandes líderes de mercado.

O líder deve se dedicar e exercitar, cada vez mais, à adoção de perguntas criativas e originais em sua prática. As perguntas criativas nos convidam a fechar os olhos e imaginar. São ambiciosas, inspiradoras e, em alguns casos, até subversivas. Elas abraçam o risco, desafiando o cérebro a enxergar por meio de lentes diferentes. Apesar de aventureiras e estimulantes, podem também carregar um aspecto solitário e, muitas vezes, controverso.

Essas perguntas podem ser feitas a colegas criativos ou até mesmo a partes interessadas mais relutantes. Podem ser apresentadas como um jogo, um desafio ou um convite à reflexão. Elas são enquadradas em torno do futuro, pedindo novas formas de pensar e agir para alcançar esse horizonte. São ousadas e libertadoras, convidando você a colocar a cabeça nas nuvens, questionar ainda mais todos ao seu redor e imaginar até onde pode chegar.

No final, o verdadeiro poder dessas perguntas está em sua capacidade de romper barreiras, expandir possibilidades e levar os participantes a lugares que ainda nem ousaram explorar. Estabelecer o contexto para que essa cultura surja também envolve refletir sobre o ambiente físico – ou até mesmo virtual – em que esse processo será desencadeado.

Estudos demonstram como o ambiente em que as pessoas estão envolvidas influencia na sua capacidade criativa e motivação. Em *The Book of Beautiful Questions*, Warren Berger cita o exemplo do Media Lab, laboratório de inovação da universidade norte-americana MIT. Reconhecido mundialmente como um dos centros mais inovadores de pesquisa interdisciplinar, o Media Lab tem espírito visionário e desafia os limites do que é possível ao integrar tecnologia, ciência, design, arte e cultura. O Media Lab é frequentemente descrito como um "jardim de infância para adultos", um espaço em que a experimentação e a brincadeira são não apenas permitidas, mas ativamente incentivadas. Esse ambiente único foi projetado para reunir pessoas de diferentes disciplinas, fomentando a colaboração entre áreas diversas e muitas vezes desconexas. Na obra de Berger, Tod Machover, compositor musical renomado e professor do MIT, descreve essa dinâmica como um convite constante a enfrentar problemas fora da própria zona de especialidade. "Muitas vezes estamos diante de um problema no qual não somos especialistas",[48] observa Machover, que em seu trabalho experimental no Media Lab contribuiu para a criação do icônico jogo interativo *Guitar Hero*. Essa abordagem interdisciplinar e ousada é o que torna o Media Lab um celeiro de inovação. Ele desafia seus participantes a explorarem o desconhecido, experimentarem sem medo de errar e encontrarem soluções que não seriam possíveis dentro dos limites de uma única área de conhecimento. É nesse espírito de curiosidade e colaboração que surgem as ideias mais transformadoras.

O líder tem papel decisivo não apenas ao estabelecer os limites físicos desse sistema, mas também ao fortalecer as bases para uma mentalidade coletiva que entenda o papel da inovação para a sustentabilidade de seu negócio e abrace e aprenda a técnica de formular perguntas de modo sistemático e frequente em sua rotina. Nossa experiência ao interagirmos com milhares de empreendedores e líderes de organizações é que, muitas vezes, o senso de urgência da necessidade irremediável de abraçar essa lógica só surge quando as coisas começam a dar sinais de declínio. Em muitas situações, as organizações só percebem a necessidade de implementar essa cultura de inovação quando se deparam com a iminência do fracasso de seus negócios. Esse é um risco que deve

---

48 BERGER, W. *op. cit.* p. 83.

ser eliminado por líderes comprometidos com a sustentabilidade de seus projetos. Às vezes, os sinais de que uma empresa ou organização precisa mudar não aparecem de maneira explícita ou dramática. Não se trata de uma mudança obrigatória por legislação ou de uma ruptura evidente no setor. Pode ser algo mais sutil, algo que há muito tempo entrou no piloto automático e parece "obviamente" correto. Mas é exatamente nesse tipo de situação que confiar apenas em seu próprio insight pode ser insuficiente. Nesses momentos, é necessário utilizar ferramentas para fazer a pergunta essencial: "Qual é o óbvio que estamos assumindo?".

Em *Muito além do óbvio*,[49] Phil McKinney menciona um exemplo emblemático que ocorreu na missão Apollo 13 na National Aeronautics and Space Administration (NASA), quando a tripulação enfrentou a ameaça de monóxido de carbono letal a bordo da espaçonave. Os engenheiros em solo precisaram improvisar, já que não tinham soluções prontas ou recursos ideais. Começaram a trabalhar com o que estava disponível: pedaços de toalha, fita adesiva e outros materiais aparentemente triviais que a tripulação tinha a bordo. Contra todas as probabilidades, funcionou. Podemos imaginar o misto de emoções que os engenheiros viveram nesse processo. O terror diante da possibilidade de falhar, a alegria ao ver o protótipo improvisado tomando forma e, finalmente, a euforia de terem criado um milagre técnico que salvou vidas. Esse episódio não foi apenas um triunfo da engenharia, mas da coragem de questionar o que parecia óbvio e reimaginar soluções diante de circunstâncias extremas. Essa história nos lembra de que, frequentemente, as respostas não estão nas ferramentas perfeitas ou nos recursos ideais, mas na habilidade de perguntar e enxergar

---

49 MCKINNEY, P. **Muito além do óbvio**: o poder das perguntas certas para criar ambientes inovadores. São Paulo: Elsevier, 2012.

além das suposições que nos cercam. É essa capacidade de improvisar, de questionar o "óbvio", que permite às organizações encontrarem soluções mesmo nos cenários mais desafiadores.

O líder é o protagonista nesse processo de entendimento de que a inovação é um imperativo estratégico. Muitas vezes, as soluções envolvem a utilização de recursos já existentes compreendidos de maneiras originais. Outras vezes, é necessário promover reflexões mais disruptivas, navegando por ambientes muito distintos dos usuais. Em qualquer dos casos, as perguntas ocupam papel-chave nesse processo, e não basta articular questões poderosas. É necessário estruturar o contexto para que elas se transformem em resoluções originais, criativas e de alto potencial que levarão sua organização a outro patamar. Esse processo é mais racional e com alto potencial de geração de resultados do que, muitas vezes, imaginamos. Perguntas transformadoras deram origem a organizações que atualmente ocupam o panteão de protagonistas do atual mundo empresarial, desbancando empresas icônicas. Temos muito o que aprender com esses casos, e esta é a proposta do próximo capítulo: o que podemos aprender com perguntas que geraram empresas vitoriosas?

5

Perguntas que geraram empresas vitoriosas e outras nem tanto...

?

A história corporativa é farta em exemplos de como organizações de sucesso foram criadas e evoluíram a partir de perguntas e como outras que não utilizaram esse recurso adequadamente sucumbiram – seja porque pararam de fazer perguntas continuamente sobre seu negócio ou porque ainda se dedicaram a elaborar enunciados inapropriados. Estudar a formação de organizações por meio dessa lente é um recurso muito poderoso, pois a essência do questionamento é nos obrigar a pensar, formular hipóteses e proposições a partir de cenários incertos. Estimular as perguntas contribui para organizarmos nosso pensamento sobre o que não sabemos e desejamos descobrir formulando enunciados que, com o tempo, serão respondidos.

Essas questões, em muitas situações, formam a base de novos negócios. Já mencionamos como a ascensão de muitas protagonistas da nova economia – como Netflix, Uber e Airbnb – está relacionada a perguntas. No entanto, empresas tradicionais que, outrora, foram sinônimo de êxito, também foram influenciadas pela mesma dinâmica, o que demonstra seu potencial atemporal e essencial. Enunciados poderosos que já citamos ao longo desta obra – como "E se...?" ou "Por que alguém não faz..." – criaram conexões que culminaram com negócios bilionários atestando que a prática de realizar perguntas tem o potencial de gerar resultados concretos.

A capacidade de estabelecer conexões inovadoras a partir das perguntas é uma característica marcante de grandes visionários – como Walt Disney, por exemplo. Ao conceber a Disneyworld como um filme trazido à vida, ele transformou o conceito de parques de diversões. Inspirado por locais como o Tivoli Park em Copenhague, fundado em 1843, Disney desejava criar um ambiente em que adultos e crianças pudessem compartilhar experiências mágicas. A partir do desejo de estruturar um negócio de entretenimento, o empreendedor elaborou o seguinte enunciado: "E se esse parque de diversões pudesse ser como um filme trazido à vida?". A partir dessa reflexão, imaginou um espaço que combinasse a narrativa envolvente de seus filmes com atrações físicas, permitindo que os visitantes mergulhassem nos mundos que antes só viam nas telas. Essa abordagem inovadora resultou na inauguração da Disneyland em Anaheim, Califórnia, em 1955. O parque oferecia atrações temáticas que transportavam os visitantes para os universos de suas animações favoritas, proporcionando uma experiência imersiva inédita. A ideia de "um filme trazido à vida" tornou-se o diferencial que transformou a Disneyland em um marco no entretenimento mundial e foi o pontapé inicial para a evolução do conceito com a construção da Disneyworld em Orlando, no início dos anos 1970.

A visão de Disney não apenas revolucionou os parques de diversões, mas também estabeleceu um novo padrão para a indústria do entretenimento, demonstrando o poder de pensar analogamente por meio de perguntas e de conectar conceitos de diferentes áreas para criar algo verdadeiramente inovador.

Perguntas transformadoras são como ter um pincel em uma página em branco. É possível colorir da forma que você imaginar, dando asas à imaginação. Muitos empreendedores entenderam seu potencial na quebra de regras convencionais e na extrapolação dos limites do possível. Esses líderes foram encorajados por elas a buscar a grandeza ou a olhar para o futuro, a fim de ver um novo mundo.

Tem alguém assistindo?

A explosão recente da tecnologia permitiu um crescimento exponencial das possibilidades de geração de novos negócios, habilitando alternativas até então inacessíveis para qualquer empreendedor. Essa dinâmica potencializou ainda mais a relevância das perguntas na viabilização de modelos e negócios totalmente inéditos na história da humanidade. Empreendedores como Reed Hastings não perderam essa oportunidade.

Empreendedor em série, Hastings teve o insight transformador que deu origem à Netflix a partir de uma experiência cotidiana frustrante: o pagamento de taxas de atraso em uma locadora de vídeos. Esse desconforto o levou a questionar: "Por que eu deveria pagar por isso?". E, mais importante, formulou uma pergunta que redefiniria todo o setor: "E se o aluguel de vídeos fosse como uma academia, com um modelo de assinatura sem multas por atraso?".

Essa inquietação resultou no primeiro modelo de assinatura mensal da Netflix, lançado em 1999, que permitia aos clientes alugar DVDs ilimitados por um valor fixo. A solução não apenas eliminou um dos maiores pontos de atrito para os consumidores, mas também redefiniu o mercado de locação de vídeos. Foi a primeira de muitas reinvenções que demonstram como a Netflix entendeu que seu verdadeiro negócio não era apenas alugar filmes, mas oferecer conveniência e liberdade no consumo de entretenimento. A empresa entendeu qual é, realmente, seu negócio a partir do trabalho que seu cliente deseja realizar (seu *job to be done*). Esse processo de inquietude constante, no entanto, não cessou após sua fundação. A história da Netflix é marcada por ciclos de transformação, cada um impulsionado por perguntas que desafiaram as convenções da época, mostrando que o processo de realizar perguntas transformadoras nunca pode ser interrompido.

Quando percebeu a ascensão e a democratização da internet, Hastings observou que seu negócio poderia ir para outro patamar adquirindo novos contornos e se perguntou: "E se o futuro do consumo de filmes estiver on-line?". Essa questão levou ao lançamento, em 2007, de sua plataforma de *streaming*, que se consolidou como a principal referência e líder de um segmento novo.

A decisão de apostar no *streaming*, mais uma vez, evidenciou um entendimento profundo do *job to be done* de seus clientes: a conveniência de acessar conteúdos de qualquer lugar e a qualquer momento. Foi um movimento ousado, que não apenas salvou a empresa de se tornar obsoleta, mas também mudou para sempre a maneira como consumimos entretenimento.

Enquanto a Netflix crescia, no entanto, uma nova pergunta emergiu: "E se nosso modelo pudesse alcançar o mundo inteiro?". Essa questão levou à expansão internacional, com a empresa entrando no Canadá em 2010 e, em poucos anos, consolidando-se como uma plataforma global. Em 2024 eram mais de 300 milhões de assinantes ativos espalhados por mais de 190 países em todo o mundo.

Mas o crescimento também trouxe desafios. Dependente de conteúdo produzido por terceiros, a Netflix se viu vulnerável ao surgimento de competidores diretos, como a Disney, que acabou lançando uma plataforma própria, em uma tendência que impactou todos os principais estúdios de Hollywood. Em resposta, os líderes da empresa questionaram: "Por que estamos apenas licenciando conteúdos? E se produzirmos nossas próprias histórias?". Essa reflexão levou ao investimento em produções originais, iniciado em 2013 com séries como *House of Cards* e *Orange is the New Black*. Essa mudança não apenas mitigou o risco de dependência de terceiros, mas também posicionou a Netflix como um dos maiores estúdios do mundo. Hoje, mais de 50% do conteúdo disponível na plataforma é proprietário, e produções como

Stranger Things e *Roma* demonstram o impacto cultural e financeiro dessa estratégia.

A mais recente virada estratégica da Netflix não foge ao padrão de questionar constantemente sua essência com a coragem de redefinir seu modelo de negócios. Frente a um mercado saturado e com concorrentes cada vez mais agressivos (os últimos anos testemunharam uma explosão das plataformas de vídeos, com empresas muito poderosas, como Amazon, Apple, Disney e HBO, investindo pesadamente no setor), os líderes da Netflix se perguntaram: "E se parte de nosso público estivesse disposto a consumir conteúdos com anúncios em troca de um custo mais acessível?". Essa reflexão, que inicialmente poderia parecer contraditória para uma plataforma que sempre priorizou a experiência livre de interrupções, revelou-se uma oportunidade poderosa. A empresa adotou um modelo de assinaturas mais acessível em que o assinante, no entanto, é exposto a publicidade enquanto usa a plataforma. Inicialmente, o modelo foi muito questionado tanto externa quanto internamente, pois representou a quebra de um dogma na companhia no que diz respeito à experiência de uso de seus clientes. Com o passar do tempo, porém, a escolha tem apresentado resultados positivos. Em 2024, mais de 40% das novas assinaturas da empresa eram dessa modalidade, e as receitas derivadas de publicidade foram de cerca de 1 bilhão de dólares no mesmo período.[50] Ao adotar o modelo de publicidade, a Netflix conseguiu expandir sua base de assinantes, oferecendo uma alternativa mais acessível para novos públicos, sem canibalizar os planos premium existentes, além de gerar um novo fluxo de receitas.

---

50 NETFLIX. **2024 Quaterly Earnings**. Disponível em: https://ir.netflix.net/financials/quarterly-earnings/default.aspx. Acesso em: 21 mar. 2025.

Mas as perguntas não pararam por aí. A companhia também se desafiou: "Como transformar os anúncios em um ativo estratégico que gere valor para os clientes e maximize a receita da empresa?". A resposta veio com o desenvolvimento de um sistema de publicidade altamente segmentado, aproveitando sua expertise em dados para oferecer anúncios direcionados e relevantes, tanto para os assinantes quanto para os anunciantes.

Essa estratégia, indo além da diversificação de suas fontes de receita, deu à Netflix um salto significativo em sua lucratividade, permitindo monetizar o tempo de tela de maneira mais eficiente. As margens de lucro derivadas de publicidade são muito superiores àquelas provenientes das assinaturas, uma vez que não são necessários vultuosos investimentos para que os anúncios permaneçam na plataforma. Ou seja, os custos e as despesas não acompanham, na mesma proporção, as receitas geradas, o que confere alta escalabilidade a esses rendimentos. Além disso, foram abertas novas avenidas para explorar parcerias e inovações, reafirmando a capacidade da Netflix de adaptar-se às mudanças do mercado sem perder de vista o *job to be done* de seus clientes.

No centro dessa decisão, permanece a essência da empresa: a habilidade de se reinventar continuamente a partir de perguntas transformadoras. A organização tem esse comportamento introjetado em seu DNA, uma vez que não se trata apenas da habilidade de gerar enunciados transformadores. É necessário coragem para questionar o óbvio e assumir riscos investindo em projetos que, se por um lado, trazem desafios inéditos e podem resultar em fracasso, por outro, se obtêm êxito mudam a configuração do negócio.

A trajetória da Netflix não é apenas uma história de sucesso empresarial: é uma lição sobre o poder das perguntas. A capacidade de questionar constantemente sua essência, desafiar paradigmas e imaginar possibilidades guiou cada fase de sua evolução.

Seja ao transformar o modelo de locação de filmes, ao apostar no *streaming*, ao se tornar um dos maiores produtores de conteúdo original do mundo ou com o modelo de publicidade, a Netflix demonstrou que as perguntas certas não apenas resolvem problemas – elas criam futuros inteiros. E, no centro de tudo, permanece uma reflexão simples, mas poderosa: "Qual é realmente nosso negócio?", acompanhada do entendimento do *job to be done* de seu cliente.

Ar, cama e café da manhã

A Netflix não é um caso pontual que demonstra como perguntas transformadoras redefiniram segmentos inteiros. O setor de turismo tem um exemplo emblemático do potencial desse comportamento.

Em 2007, enfrentando dificuldades para pagar o aluguel de seu apartamento em São Francisco, os recém-formados Joe Gebbia e Brian Chesky não tinham ideia de que uma de suas perguntas transformadoras redefiniria um segmento inteiro: "Por que alguém deveria ficar sem cama se temos espaço sobrando em nosso apartamento?". Essa reflexão inicial desafiava a suposição de que apenas redes de hotéis poderiam oferecer hospedagem. Com três colchões de ar e o café da manhã incluso, Gebbia e Chesky prepararam o imóvel e fizeram um anúncio de seu dormitório, obtendo êxito imediato. A solução original não só funcionou e os auxiliou a pagar o aluguel, como também levou a uma nova pergunta ainda mais ambiciosa: "E se transformássemos essa ideia em um negócio?". Indo mais longe: "Por que limitar isso ao nosso apartamento?".

Os dois jovens formados em Design Industrial não tinham experiência alguma como empreendedores, porém o insight, com sua empreitada inicial, foi tão forte que resolveram se arriscar nesse novo mundo. Pegando carona no modelo utilizado com colchões de ar e café da manhã, batizaram essa iniciativa de Airbnb.

O modelo foi testado em uma escala maior em Denver, durante a Convenção Nacional Democrata de 2008, um evento que superlotou os hotéis da cidade. Sem recursos para publicidade, transformaram a ideia em pauta para a mídia e, com isso, atraíram os primeiros usuários. Mais uma vez, o experimento foi um sucesso.

Mesmo sem experiência anterior gerindo empresas – por incrível que pareça, esse desconhecimento pode ter contribuído para essa dinâmica –, os fundadores do Airbnb demonstraram, desde o início do projeto, uma habilidade singular de compreender qual é o verdadeiro negócio da empresa. Entenderam que não estavam apenas oferecendo camas ou quartos, mas resolvendo um problema fundamental: conectar pessoas que precisavam de um lugar para ficar com outras que tinham espaço disponível. Essa visão clara do *job to be done* de todos os agentes envolvidos nesse processo (hóspedes e anfitriões) foi o pilar que sustentou a evolução do negócio.

A inquietude dos empreendedores não cessou após o sucesso inicial do projeto e, ao longo dos anos, o Airbnb continuou a fazer perguntas transformadoras. Quando observaram que o pagamento entre anfitriões e hóspedes era uma barreira, perguntaram: "E se o pagamento fosse feito on-line?". Com base nessa reflexão, desenvolveram um modelo digital que, além da agilidade, garante a segurança de todos os envolvidos.

Quando começaram a ganhar força nos Estados Unidos, questionaram: "Por que estamos limitando isso ao nosso país?". Em menos de dois anos, o Airbnb já estava em mais de cem países e, hoje, a plataforma conecta viajantes a mais de 4 milhões de anfitriões em 220 países e regiões. Em 2024, a empresa registrou mais de 400 milhões de diárias reservadas, gerando uma receita de aproximadamente 11 bilhões de dólares. Essa escala global reforça o impacto de um modelo que começou com uma pergunta simples e se expandiu para revolucionar a hospitalidade em todo o planeta.

O sucesso do Airbnb, no entanto, não se limita à hospedagem. Os fundadores se perguntaram: "Por que precisamos continuar comprando coisas que usamos esporadicamente?" e "E se o acesso substituísse a propriedade?". Essas questões impulsionaram a consolidação da economia do compartilhamento, um conceito que ressignifica a maneira como consumimos recursos e serviços, e influenciou o surgimento de novos modelos de negócios que vão de assinaturas de carros a produtos em geral.

A relevância do Airbnb transcende sua plataforma. Em vez de apenas oferecer acomodações, a empresa se posiciona como facilitadora de experiências autênticas e conexões humanas – um propósito que é o verdadeiro cerne de seu negócio.

O Airbnb é uma demonstração viva do poder do entendimento de qual é, realmente, o negócio da organização, conectado com um profundo entendimento das demandas do cliente. Ao desafiarem o *statu quo*, Gebbia e Chesky transformaram uma ideia emergencial em um modelo de negócios global, provando que, quando somos guiados pelas perguntas certas, não há limites para o que uma empresa pode alcançar.

On our way

Ainda no contexto da chamada nova economia, outro empreendedor conquistou o mesmo status ao redefinir as bases de um segmento inteiro a partir da inquietude gerada por perguntas que confrontam o senso comum.

Os desafios de utilizar um serviço de táxi em qualquer metrópole mundial, até os anos 2010, eram tão expressivos que até se misturaram ao folclore de cidades como Nova York, reconhecida, na época, como aquela dos motoristas mais mal-humorados do mundo. As reclamações, que nunca encontraram ressonância para serem sanadas, iam além do estado de humor dos taxistas e envolviam condições dos carros utilizados, viagens superfaturadas, cobranças extras para pagamentos com cartão de crédito e assim por diante. Como se não bastassem todos esses desafios, em algumas situações ter acesso a um táxi disponível era como encontrar agulha em um palheiro. Foi justamente essa experiência que o empreendedor Travis Kalanick teve, em 2008, ao sair de um evento em Paris e não encontrar um transporte disponível.

Conseguindo se desprender de seu desconforto ao não atender a uma demanda pessoal, Kalanick observou que, se por um lado não havia táxis disponíveis nas ruas, por outro, inúmeros automóveis vazios trafegavam pelas avenidas de Paris, inclusive alguns especializados em transporte particular, de cor preta, com seus motoristas profissionais. "Por que é tão difícil conseguir um táxi?" foi a indagação inicial que atravessou sua mente e, a partir da insatisfação com uma experiência cotidiana, levou-o a questionar a eficiência do sistema de mobilidade urbana e, mais importante, a vislumbrar uma solução.

Kalanick e Garrett Camp, cofundadores da Uber, se perguntaram: "E se as pessoas pudessem utilizar carros de outras pessoas para se locomover?". Indo além: "E se pudéssemos pedir um carro com apenas um toque no celular?". Esses questionamentos não apenas desafiaram o *statu quo* do segmento, mas também redefiniram o conceito de transporte e mobilidade.[51] Os empreendedores perceberam que o verdadeiro *job to be done* dos usuários não era apenas encontrar um táxi, mas ter acesso a um transporte rápido, confiável e conveniente, independentemente do local ou horário.

Desde o início, a Uber desafiou suposições enraizadas no setor de transporte. Por que dependemos de frotas limitadas de

---

51 HOENIG, H. The History of Uber. **Investopedia**, 24 fev. 2025. Disponível em: www.investopedia.com/articles/personal-finance/111015/story-uber.asp. Acesso em: 21 mar. 2025.

táxis licenciados? Por que não aproveitar veículos particulares para atender à demanda de mobilidade? Essas perguntas revelaram um mercado inexplorado e abriram caminho para o modelo de transporte por aplicativo.

A primeira versão do aplicativo Uber foi lançada em 2010, em San Francisco, oferecendo carros pretos de luxo, inspirados pela percepção inicial de Kalanick com os veículos profissionais em Paris. A experiência inicial confirmou a viabilidade do conceito, mas trouxe uma nova pergunta: "E se tornarmos isso acessível a todos, não só a clientes de alto poder aquisitivo?". Esse insight levou à criação do UberX, um serviço que popularizou o modelo ao conectar motoristas particulares, não somente os profissionais, a usuários em busca de transporte acessível.

A capacidade da Uber de se reinventar e fazer as perguntas certas foi crucial para sua expansão. Assim como nos casos da Netflix e do Airbnb, quando o modelo foi validado e ganhou força nos Estados Unidos, os fundadores se perguntaram: "Por que limitar isso ao nosso país?". Em poucos anos, a Uber estava em mais de setenta países, transformando a mobilidade urbana global. Os números ilustram a relevância do negócio. Em 2023, a empresa registrou uma receita de 31,8 bilhões de dólares e cerca de 2,3 bilhões de viagens realizadas, consolidando sua posição como líder no setor de transporte por aplicativo.[52]

A empresa também diversificou sua atuação, perguntando: "E se pudéssemos expandir nosso negócio para entregas?". Mobilizados por essa indagação, expandiu sua atuação para entrega de alimentação (com Uber Eats) e de itens em geral (com Uber

---

[52] UBER Announces Results for Fourth Quarter and Full Year 2023. **Poder 360**, fev. 2024. Disponível em: https://static.poder360.com.br/2024/02/Uber-Q4-23-Earnings-Press-Release.pdf. Acesso em: 21 mar. 2025.

Flash). Os serviços que vão além do transporte de passageiros, em 2023, representaram quase 50% da receita total da empresa e foram decisivos para que, no mesmo ano, a organização registrasse seu primeiro lucro anual de cerca de 2 bilhões de dólares (no Brasil, o Uber Eats não obteve êxito devido à forte concorrência de empresas como o iFood, porém nos EUA a empresa é uma das líderes do segmento).[53]

Mais do que uma empresa de transporte, a Uber entendeu que seu verdadeiro negócio é oferecer acesso. O que os usuários realmente desejam não é um táxi, mas uma solução que simplifique a mobilidade e otimize o tempo. Foi essa visão que permitiu à empresa explorar novos horizontes, como serviços de logística e transporte compartilhado.

Assim como outras companhias que redefiniram seus mercados, a Uber provou que as perguntas certas fazem mais do que resolver problemas – elas criam futuros inteiros. Ao conectar pessoas, veículos e ideias, a empresa mudou não apenas o modo como as pessoas se locomovem, mas também o próprio conceito de mobilidade.

Tecnologia acessível

A despeito de a chamada nova economia ter referências abundantes sobre o poder das perguntas, o mundo empresarial é recheado de referências de empresas tradicionais que causaram o mesmo impacto por meio desse recurso.

Na década de 1980, Michael Dell, então um estudante universitário da Universidade do Texas, motivado pela curiosidade – e por visão empreendedora, como a história viria a demonstrar – começou a montar computadores em seu dormitório. Foi

---

53 *Ibidem.*

quando teve uma experiência pessoal que lhe gerou desconforto: "Eu desmontava computadores e observava que peças de 600 dólares eram vendidas por 3 mil dólares". Esse desconforto provocou uma indagação que traria frutos importantes para todo o setor de tecnologia: "Por que um computador custa cinco vezes mais do que a soma de suas peças?".[54] Essa inquietação revelou não apenas uma oportunidade de mercado, mas também um *job to be done* negligenciado: oferecer computadores personalizados e acessíveis diretamente aos clientes, eliminando intermediários.

Tendo em vista essa proposta de valor, em 1º de fevereiro de 1984, Michael Dell fundou a Dell. Originalmente, a empresa foi batizada de PC's Limited e funcionava no dormitório do fundador na universidade. O modelo de negócios direto ao consumidor, que eliminava intermediários e permitia a customização de computadores, foi a base desde o início. Em 1987, a empresa adotou o nome Dell Computer Corporation e, mais tarde, foi renomeada como Dell Technologies, refletindo sua expansão para além dos computadores pessoais.

Desde o início da empreitada, o empreendedor entendeu qual era o negócio da empresa que fundou. Ele percebeu que a Dell não deveria se limitar a ser uma simples montadora de computadores; deveria ser uma facilitadora de acesso à tecnologia. Esse insight levou ao desenvolvimento de um modelo de negócios direto ao consumidor, eliminando revendedores e reduzindo significativamente os custos.

Essa abordagem foi decisiva para a popularização do acesso à tecnologia que aconteceria, de maneira massificada, nos anos subsequentes. Ela não apenas tornou os computadores mais acessíveis, revolucionando o mundo ao viabilizar a disponibilidade

---

54 GREGERSEN, H. *op. cit.* p. 3.

de recursos tecnológicos a milhões de pessoas, mas também permitiu à Dell oferecer personalização em larga escala – algo que os clientes buscavam, mas não encontravam no modelo tradicional. Com isso, a empresa fez mais do que entrar no mercado de computadores: redefiniu a forma como esses produtos eram vendidos.

A pergunta inicial de Michael Dell foi somente o ponto de partida. À medida que a empresa crescia, novas perguntas surgiam para impulsionar sua evolução. "E se construíssemos computadores sob demanda, em vez de manter estoques elevados?" Esse questionamento inspirou a implementação de uma cadeia de suprimentos ágil e altamente eficiente, que se tornou um dos principais diferenciais competitivos da companhia, pioneira nessa estrutura logística.

Na década de 1990, quando a internet começou a ganhar força, a Dell perguntou: "E se vendêssemos nossos computadores on-line?". Essa decisão a colocou na vanguarda do comércio eletrônico, permitindo que expandisse rapidamente sua base de clientes e fortalecesse sua conexão direta com o consumidor.

O modelo direto da Dell também possibilitou à empresa entender profundamente o *job to be done* de seus clientes. Ao coletar dados sobre preferências e padrões de compra, foi viável oferecer produtos personalizados, alinhados às necessidades específicas de cada usuário. Essa estratégia ajudou a organização a crescer exponencialmente, alcançando mais de 25 bilhões de dólares em receita anual no final da década de 1990.[55]

Michael Dell não se contentou em aceitar o *statu quo*. Ele desafiou o mercado ao fazer perguntas que outros não estavam

---

[55] KRAEMER, K.; DEDRICK, J. **Dell Computer**: Using e-commerce to Support the Virtual Company. Irvine, CA: University of California, 2001. Disponível em: https://escholarship.org/content/qt7r55529z/qt7r55529z.pdf?t=lnq69p. Acesso em: 21 mar. 2025.

dispostos a fazer e ao explorar novas formas de agregar valor aos clientes. Sua disposição de questionar "Por que...?" e "E se...?" transformou a Dell em uma das empresas mais bem-sucedidas do setor de tecnologia. Em 2024, a organização gerou receitas de cerca de 88 bilhões de dólares, atingindo milhões de clientes no mundo todo – desde usuários domésticos até empresas de pequeno porte e corporações gigantes.

Atualmente, o modelo direto ao consumidor e a personalização em massa são práticas difundidas nos mais diversos setores da economia. A Dell foi uma das principais precursoras desse movimento, cuja estratégia foi estruturada e se desenvolveu a partir da inquietação gerada por perguntas transformadoras, derivadas da observação atenta das demandas de seus clientes atuais e potenciais.

Esse não é um caso único envolvendo empresas tradicionais no ambiente corporativo. Podemos voltar ainda mais no tempo para entendermos todo o potencial de realizar perguntas inquietantes na geração e na transformação de setores tradicionais da economia.

Diga "xis"

Em 1943, durante férias no Novo México, Edwin Land, um inventor brilhante e visionário que havia fundado a Land-Wheelwright Laboratories, empresa focada em pesquisa e desenvolvimento de tecnologias ópticas, foi confrontado com uma pergunta simples, mas carregada de potencial disruptivo. Sua filha, Jennifer, perguntou: "Por que não podemos ver imediatamente a foto que tiramos?".

A pergunta, vinda de uma criança, catalisou uma série de reflexões em Land e se tornou o ponto de partida para uma revolução na fotografia. Ele desafiou a suposição dominante da época – a de que as fotos precisavam ser reveladas em laboratórios escuros – e perguntou a si mesmo: "Por que não desenvolver uma foto que possa ser revelada imediatamente?". Essa pergunta simples o levou a explorar uma visão mais ampla do *job to be done* de seus clientes: não apenas capturar momentos, mas vivê-los instantaneamente.

Land não parou no "Por que...?". Ele deu o próximo passo e perguntou: "E se fosse possível ter uma câmara escura embutida na câmera?". Essa pergunta revelou o verdadeiro negócio de sua empreitada: não vender equipamentos fotográficos, mas proporcionar experiências instantâneas e emocionantes de registro de memórias.

Ele então mergulhou na fase do "Como...?", mobilizando seus conhecimentos em química, ótica e engenharia para transformar essa ideia em realidade. Por meio de perguntas sucessivas, Land e sua equipe desenvolveram a câmera instantânea, um produto que mudou a relação das pessoas com a fotografia. Lançado em 1948, o produto foi um sucesso absoluto, fazendo com que a empresa ganhasse notoriedade global e fosse rebatizada, posteriormente, como Polaroid.

Durante sua trajetória, a organização foi conhecida como uma das mais inovadoras, chegando a empregar mais de 21 mil colaboradores e gerar uma receita de aproximadamente 3 bilhões de dólares no início dos anos 1990.[56]

A evolução da história da Polaroid nos traz ensinamentos importantes sobre a dinâmica do questionamento na geração de inovações. Land demonstrou que perguntas revolucionárias podem vir de qualquer lugar – até mesmo de uma criança – e que, muitas vezes, os não especialistas estão mais bem posicionados para desafiar o *statu quo*. A visão de mundo de Land foi transformada porque ele se permitiu questionar o óbvio e explorar o

---

[56] POLAROID Corporation. **Wikipedia**. Disponível em: https://en.wikipedia.org/wiki/Polaroid_Corporation. Acesso em: 21 mar. 2025.

desconhecido a partir de uma provocação de alguém que não era *expert* naquele contexto. O empreendedor teve humildade para não ignorar essa indagação, ancorando-se em sua autoridade de especialista.

Essa postura de abertura a um questionamento ambicioso incentivou a construção de uma visão de futuro que a princípio era inimaginável. Como ele mesmo disse aos funcionários da Polaroid em 1942: "Se você sonha com algo que vale a pena fazer, simplesmente, vai trabalhar nele... É incrível a rapidez com que você supera os 5 mil passos para realizá-lo".[57] Observe o poder do propósito nesse enunciado que transcende a reflexão racional e transacional de um negócio pontual.

Apesar de seu início brilhante, a Polaroid perdeu relevância ao longo do tempo, em grande parte porque parou de fazer perguntas transformadoras. Com o surgimento da fotografia digital, a empresa, uma vez líder em inovação, ficou presa a respostas que se baseavam no modelo existente, sem se perguntar: "Como podemos continuar relevantes em um mundo digital?".

Como já exploramos por aqui, essa dinâmica é mais comum do que imaginamos na trajetória de organizações bem-sucedidas de outrora que não conseguiram manter seu êxito no presente – a já citada Dell também se encaixa nessa proposição, visto que, atualmente, não tem a mesma influência de outrora.

A despeito de provocar uma mácula na história dessas empresas, seu declínio não pode eclipsar todo o valor gerado em sua caminhada e, sobretudo, seu protagonismo nas transformações de todo o segmento.

No caso da Polaroid, as novas invenções derivadas do ambiente digital que ocasionaram a perda de relevância da companhia

---

57 BERGER, W. *op. cit.* p. 73.

foram egressas da concepção da imagem instantânea, conceito viabilizado pela empresa em um ambiente de tecnologias muito rudimentares se comparadas com as atuais.

Logo na sequência, exploraremos em mais detalhes não apenas os riscos de parar de fazer perguntas, mas também exemplos concretos dos efeitos dessa dinâmica no declínio de empresas icônicas. Antes disso, no entanto, já que estamos tratando de organizações lendárias, que tal explorarmos mais um caso gerado por questionamentos inquietantes, mas que não foi capaz de se manter no mesmo nível durante sua evolução?

Adaptar-se é preciso

Atualmente, é cantado em prosa e verso o declínio da Kodak. Raros são os tratados sobre gestão que não se referem a esse caso quando abordam a temática da transformação organizacional. Nós mesmos apresentamos com frequência essa jornada em nossas obras, reconhecendo todo o seu potencial de propiciar aprendizados valiosos para os negócios contemporâneos. Porém, algo que fica muitas vezes esquecido injustamente é a transformação que essa companhia protagonizou ao longo de sua jornada e como essa jornada foi fruto da inquietação gerada por perguntas.

No fim das contas, a história da Kodak é um exemplo icônico de como perguntas simples, mas profundamente transformadoras, podem abrir caminho para inovações que redefinem setores inteiros – e, paradoxalmente, como, com o tempo, as empresas tendem a parar de estimular esse sistema, o que acarreta impactos muitas vezes irreversíveis.

Em 1878, George Eastman, um jovem de 24 anos que planejava uma viagem internacional, enfrentou uma barreira prática: o equipamento fotográfico era caro, volumoso e complicado. Incomodado por esse desconforto, se perguntou: "Como a fotografia poderia se tornar menos complicada e mais acessível para o cidadão comum?".

Essa pergunta não apenas desafiou as convenções da época, que viam a fotografia como uma prática exclusiva de profissionais e entusiastas abastados, mas também revelou um *job to be done* negligenciado até então: democratizar a fotografia e torná-la parte da vida cotidiana (observe a correlação dessa dinâmica com os desafios atuais de acesso a tecnologias avançadas).

Motivado por sua pergunta inicial, Eastman fundou a Kodak em 1880. Apenas oito anos depois, em 1888, a empresa lançou sua primeira câmera, revolucionando o mercado com uma inovação dupla: a introdução da película seca, que substituía as placas de emulsão úmida, e um modelo de negócios centrado no cidadão comum – não focando apenas o especialista. A câmera compacta vinha com um rolo de cem fotos e, após o uso, era enviada de volta à empresa para revelação.

Essa abordagem simplificou radicalmente o processo fotográfico, permitindo que qualquer pessoa capturasse momentos sem se preocupar com as complexidades da revelação. A Kodak não vendia apenas câmeras, ela vendia uma experiência de registrar memórias de maneira prática e acessível.

A pergunta inicial de Eastman foi o ponto de partida para a ascensão da Kodak como líder global no mercado de fotografia. Em 1900, a empresa lançou a câmera Brownie, uma solução acessível, vendida por apenas 1 dólar e tão simples que até uma criança podia usá-la. A Brownie consolidou a empresa como sinônimo de fotografia no século XX, e o baixo custo de acesso ao equipamento democratizou o comportamento de registrar imagens para milhões de novos consumidores. A Kodak inventou um novo segmento de negócios.

No auge de seu sucesso, a companhia era uma potência global:

- Receita anual: em 1990, atingiu cerca de 18,9 bilhões de dólares em receita anual.[58]
- Número de funcionários: no mesmo período, a Kodak empregava mais de 145 mil pessoas em todo o mundo. Chegou a ser a maior empregadora dos Estados Unidos em dado momento de sua jornada.[59]
- *Market share*: em 1976, a Kodak dominava 90% do mercado de filmes fotográficos e 85% do mercado de câmeras nos Estados Unidos.[60]

George Eastman continuou questionando: "E se pudéssemos criar uma câmera tão simples que uma criança pudesse usar?". Essa inquietação resultou no desenvolvimento de produtos que levaram a fotografia a novos públicos, incluindo crianças, soldados e famílias comuns. A filosofia de Eastman de "você aperta o botão, nós fazemos o resto" explicitava o verdadeiro negócio da Kodak: não vender equipamentos, mas proporcionar o poder de preservar memórias.

No entanto, sua história também serve como um alerta. À medida que evoluía, a empresa parou de fazer perguntas transformadoras. Quando a fotografia digital emergiu, a Kodak, embora pioneira na tecnologia, não perguntou: "Como podemos liderar essa transição?" ou "O que nossos clientes realmente desejam em

---

[58] KODAK reports record sales, profits in fourth quarter and year-end. **UPI**, 6 fev. 1991. Disponível em: www.upi.com/Archives/1991/02/06/Kodak-reports-record-sales-profits-in-fourth-quarter-and-year-end/4127665816400/. Acesso em: 21 mar. 2025.

[59] HUDSON, A. The Rise and Fall of Kodak. **PhotoSecrets**, 29 ago. 2012. Disponível em: www.photosecrets.com/the-rise-and-fall-of-kodak. Acesso em: 21 mar. 2025.

[60] *Ibidem*.

uma era digital?". Em vez disso, permaneceu presa ao modelo de filmes fotográficos, o que a fez perder relevância.

Observe o tamanho da resistência corporativa a mudanças. Analisando em retrospectiva esse modelo, é plausível supor que, a partir do entendimento de que o negócio da Kodak era registrar e preservar memórias, a migração para o ambiente digital seria natural. No entanto, o apego ao modelo de negócios tradicional era tão forte que a organização não teve vigor para se aventurar por novos caminhos. A empresa ficou viciada nas respostas e todo seu sistema organizacional, impermeável às perguntas que gerariam desconforto e necessidade de mudanças.

Perguntas são fundamentais não apenas para criar empresas, mas também para sustentá-las. A mesma dinâmica que revolucionou setores inteiros continua em evidência, e novas perguntas têm o potencial de redefinir as fronteiras de negócios ou segmentos que prosperam há séculos.

George Eastman demonstrou como uma pergunta bem-feita pode transformar uma indústria e criar uma marca global. Mas o exemplo da Kodak também reforça que a relevância contínua exige um ciclo permanente de questionamento e um sistema organizacional que faça desse comportamento uma prática comum a toda a corporação.

Além disso, essa experiência demonstra que tão perigoso quanto não fazer perguntas é fazer perguntas erradas. Vamos analisar em mais profundidade como essa dinâmica se externalizou nesse caso.

No início dos anos 1970, motivado pela ascensão de novas tecnologias e possibilidades, o engenheiro Steven Sasson desenvolveu o primeiro protótipo de uma câmera digital na Kodak. O dispositivo pesava aproximadamente 3,6 quilos e capturava imagens em preto e branco com resolução de 0,01 megapixel. O processo de gravação de cada imagem em uma fita cassete levava cerca de 23 segundos. É o primeiro equipamento com essas características de que se tem notícia na história corporativa.

Se a empresa abraçasse essa nova tecnologia, anteciparia o início da transição de todo o segmento para o mercado digital, que se transformaria no novo paradigma do setor cerca vinte anos depois, porém a tecnologia foi deixada de lado porque os líderes da companhia acreditavam que o mercado ainda não estava pronto para abandonar o filme. Em vez de refletir a respeito de "Como podemos liderar a transição para a fotografia digital?", a empresa preferiu se questionar sobre "Como essa nova tecnologia vai ajudar a vender mais filmes?". A resposta óbvia é que essa inovação não contribuiria para gerar receitas por meio do modelo de negócios tradicional, já que representava uma ruptura em todos os mecanismos do segmento.

Aprisionados em um bem-sucedido modelo de negócios com resultados robustos, esses líderes optaram por não ousar investir em um novo caminho distante do modelo que a própria empresa inventou e cujos frutos colheu ao longo de sua jornada.

Respaldada pelas dificuldades iniciais do projeto, como as imagens de resolução muito baixa e a falta de computadores ou internet de alta velocidade em casa ou no trabalho para compartilhar ou imprimir imagens, a gerência da Kodak encontrou as justificativas ideais para não comprometer recursos significativos para perseguir a invenção – e a câmera digital da Kodak ficou na prateleira, com o projeto engavetado por décadas.

A história demonstraria que a empresa acabou desperdiçando a oportunidade de criar o mercado de câmeras digitais, o qual evoluiu posteriormente de modo muito rápido e lucrativo. É interessante notar que a liderança da Kodak teve uma visão incrível ao perceber que a era do filme seria ameaçada por novas tecnologias e investiu no desenvolvimento de um projeto digital. Porém, quando foi necessário tomar a estratégica decisão de investir recursos e energia nessa nova solução, usaram as dificuldades iniciais do projeto como justificativa para adotar o ponto de vista de que seu cliente não queria realmente o digital e que seu negócio de filme não estava em risco. Preferiram a resposta mais cômoda em detrimento de continuar o processo investigativo a partir de perguntas.

Em *O dilema da inovação*, Clayton Christensen descreve o "dilema do inovador" ao identificar que há uma tendência da primeira geração de uma inovação radical ser rejeitada porque a empresa acredita que ela não é tão boa quanto a geração atual (nesse caso, filme). O autor comenta que há uma inclinação das organizações a ficarem presas às demandas de seus clientes atuais e aos modelos de negócios que garantiram seu sucesso no passado. Essas empresas resistem a mudanças disruptivas por receio de canibalizar seus negócios principais ou por subestimar o impacto das novas tecnologias, permitindo que concorrentes menores e mais ágeis as superem. E essa resistência encontra uma racionalização básica, mas convincente, para a organização continuar fazendo o usual, ignorando as perguntas transformadoras e se ancorando nas respostas já existentes.

O maior paradoxo é que é óbvio que a geração atual de qualquer negócio tende a ser melhor que a nova solução, já que esta, por ser uma inovação, está fundamentada em conceitos e dinâmicas ainda em desenvolvimento. Do contrário, não seria uma inovação. A não presunção desse modelo é um processo típico de autossabotagem que utiliza a racionalização do pensamento para manter o *statu quo*.

Se a Kodak tivesse evitado o dilema do inovador e focado a visão de que o mercado estava mudando, poderia ter (eventualmente) vencido. Ao proteger seu negócio principal de filmes, a empresa não conseguiu adotar uma visão de longo prazo. Não foram estimulados questionamentos apropriados e ambiciosos acerca do futuro do negócio. A crença de que o digital era uma ameaça marginal resultou em uma resposta tardia ao crescimento dessa tecnologia.

Somente na década de 1990, a empresa começou a lançar câmeras digitais comerciais, como a linha Kodak DCS (Digital Camera System), que eram câmeras profissionais baseadas em modelos de 35 milímetros existentes. E cerca de vinte e cinco anos depois de sua invenção original, em 2001, a empresa lançou a linha EasyShare, visando o mercado consumidor com câmeras digitais mais acessíveis e fáceis de usar. Esses produtos permitiam que os usuários compartilhassem fotos digitais com facilidade, alinhando-se às tendências emergentes de compartilhamento de imagens.

Apesar de ter alcançado a liderança no mercado de câmeras digitais nos Estados Unidos em 2005, com vendas que totalizaram 5,7 bilhões de dólares, a Kodak enfrentou desafios significativos. O mercado já estava em declínio, e as margens de lucro das câmeras digitais eram baixas e continuavam diminuindo devido à intensa concorrência, especialmente de fabricantes asiáticos que ofereciam produtos a preços mais baixos.

O processo de depreciação de toda a indústria receberia seu impulso final com o advento de *smartphones* equipados com câmeras de alta qualidade, reduzindo a demanda por câmeras digitais dedicadas. Mais uma vez, o segmento se transformou vitimando inúmeras organizações que não conseguiram visualizar o impacto desses novos equipamentos na vida das pessoas.

Em resposta às mudanças do mercado, a Kodak tentou diversificar suas operações. No entanto, essas iniciativas não foram suficientes para compensar o declínio nas vendas de filmes e câmeras digitais. Em janeiro de 2012, a empresa entrou com pedido de falência nos Estados Unidos. Após reestruturação, a Kodak emergiu da falência em setembro de 2013, focando o negócio em serviços de impressão comercial e produtos químicos industriais com uma atuação e representatividade que não são sombra de seu protagonismo de outrora.

Formular perguntas transformadoras demanda muita ousadia e coragem. Uma mudança radical, como a transição do filme para o digital, pode significar que o novo negócio destruirá o tradicional, redefinindo toda a organização. O problema é que, ao parar de estimular essas indagações e não atacar o negócio principal com arrojo, a empresa deu espaço para concorrentes desprendidos das travas e dos receios de um modelo existente há décadas.

Não é plausível subestimar os desafios de adotar esse comportamento. Talvez esse seja um dos maiores desafios para líderes atuais que visam preservar seu negócio no presente, mas que não podem colocá-lo em risco no futuro. Não é nada trivial lidar com a realidade de que pode ser necessário destruir o modelo atual ou, pelo menos, torná-lo obsoleto para manter o protagonismo da organização em seu segmento.

Em síntese, foi isso o que aconteceu com a Kodak. Seus líderes até entenderam que precisavam eliminar o filme com algo revolucionário se quisessem permanecer no topo, porém não conseguiram viabilizar essa mudança na prática. No final, concorrentes tradicionais e novos mataram seu negócio principal, levando a organização a sucumbir.

Olhando em retrospectiva, a pergunta que levou à criação da Kodak – como simplificar e democratizar a fotografia – deixou de ser feita à medida que a empresa crescia. Quando sinais de mudanças disruptivas começaram a surgir, a Kodak parou de questionar e se concentrou em proteger seu modelo de negócios existente. Seus líderes, em vez de buscar ideias externas ou explorar caminhos disruptivos, preferiram reforçar as suposições existentes. Eles não reconheceram a urgência do momento nem a importância das escolhas que estavam fazendo. Conforme a empresa crescia, as perguntas foram substituídas por respostas confortáveis e pelo medo de desafiar o *statu quo*.

Para as pessoas que estavam ocupadas cuidando da rotina de seus negócios à moda antiga, obter novos insights teria exigido aventurar-se em um território desconfortável, indo além dos domínios habituais de trabalho, onde sabiam que não tinham todas as respostas. Seria necessário migrar sua atenção para reinos onde eles nem sequer haviam aprendido a fazer as perguntas certas.

A psicóloga estadunidense Carol Dweck define que, em geral, as pessoas podem ser divididas em dois grupos: as que adotam uma mentalidade fixa (*fixed mindset*) e aquelas com mentalidade de crescimento (*growth mindset*).[61] Em síntese, a mentalidade fixa pode ser definida como a crença de que habilidades e talentos são inatos e imutáveis. Pessoas com esse *mindset* evitam desafios, temem o fracasso e acreditam que o esforço é inútil, pois suas capacidades já estão definidas. Por outro lado, a mentalidade de crescimento se caracteriza pela crença de que habilidades e talentos podem ser desenvolvidos com dedicação e esforço. Pessoas com esse *mindset* abraçam desafios, aprendem com erros e veem o esforço como parte essencial do desenvolvimento e do sucesso.

A postura das pessoas perante as perguntas, tanto no comportamento quanto no tipo de questões, tem íntima correlação com sua mentalidade. Aqueles que não têm a mentalidade que convida à mudança e ao crescimento – os de *mindset* fixo – se sentem menos confortáveis em adotar perguntas que desafiam suposições e convidam ao pensamento criativo sobre o que poderia mudar. Para indivíduos com esse perfil, mesmo o questionamento aparentemente benigno pode ser uma ameaça. As perguntas com

---

61 DWECK, C. **Mindset**: a nova psicologia do sucesso. Rio de Janeiro: Objetiva, 2017.

implicações potencialmente maiores – aquelas com potencial transformador – estão realmente fora de questão.

Trajetórias como a da Kodak demonstram uma tese muito aceita nos dias atuais, de que conforme a organização cresce e ganha relevância, seus líderes tendem a ser mais conservadores, com o senso de autopreservação ocupando lugar central em suas decisões e seus comportamentos. Uma das consequências mais deletérias nesse processo é que esses líderes costumam atrair pessoas com o mesmo perfil, em um ciclo de retroalimentação de todo o processo que tende a levar a empresa a uma posição reativa, pouco ousada e com uma ambição domesticada. É por isso que mesmo lugares que uma vez mudaram o mundo por meio de perguntas inquietantes podem perder suas habilidades de gerar e perseguir novos enunciados interessantes.

Líderes com uma mentalidade fixa são muitas vezes limitados pela percepção seletiva e procuram informações que confirmem aquilo em que desejam acreditar. A maioria não faz perguntas difíceis porque filtra sinais fracos que não se enquadram em seus modelos mentais. Esses indivíduos são atraídos – e traídos – pelo chamado viés de confirmação, tendência cognitiva em que as pessoas buscam, interpretam e lembram informações de maneira a confirmar suas crenças ou teses preexistentes, ignorando ou minimizando evidências contrárias, mesmo que estas sejam mais plausíveis ou fundamentadas.

Na Kodak, os líderes não conseguiram fazer as perguntas certas com a rapidez necessária para compreender plenamente e agir de modo eficaz frente aos sinais de que a fotografia estava passando rapidamente para o digital. Essa percepção errada refletia a crença da gestão intermediária de que a tecnologia digital era inferior ao rolo de filme e a crença dos altos executivos de que as exigências dos acionistas da Kodak eram mais importantes do que as de seus consumidores e engenheiros. Esses líderes utilizaram as informações disponíveis para justificar sua visão de modo a tornar sua decisão o mais confortável possível. Esse comportamento e as suposições erradas permitiram que a empresa continuasse a se iludir sobre a urgência das mudanças por tempo de mais.

A dinâmica presente na história da Kodak não é a única nem se caracteriza como uma exceção. A já citada Polaroid, que surgiu da inquietude de seu fundador, também sucumbiu perante as mudanças do ambiente e não conseguiu acompanhar sua evolução. A organização que definiu o conceito de instantaneidade não foi capaz de se apropriar da consolidação do modelo como protagonista, já que parou de fazer perguntas transformadoras que redefiniriam seu negócio. Atualmente, a empresa continua operando com produtos como as tradicionais câmeras instantâneas, filmes fotográficos, impressoras portáteis e outros itens, porém suas receitas de 750 milhões de dólares anuais representam cerca de 25% do que foi nos momentos áureos.[62]

Assim como Land se perguntou no início do negócio "Por que temos que esperar pela foto?", os líderes da empresa deveriam ser perguntar: "Estamos fazendo perguntas que nos manterão relevantes amanhã?". Esse enunciado deve servir como inspiração para qualquer indivíduo que lidera uma organização e está comprometido com sua sustentabilidade. A relevância sustentada de um negócio depende não apenas de fazer perguntas no início, mas de continuar questionando mesmo quando se está no topo.

Muitas organizações vitoriosas da nova economia, aliás, foram bem-sucedidas, justamente, por aproveitar essa lacuna gerada por líderes tradicionais. O caso da Netflix e da Blockbuster é emblemático, nesse sentido.

---

62 GROWJO. **Polaroid Corporation Revenue and Competitors**. Disponível em: https://growjo.com/company/Polaroid_Corporation. Acesso em: 21 mar. 2025.

Rebobinando...

Tal qual a Kodak, a Blockbuster é frequentemente lembrada como um símbolo do fracasso em se adaptar às transformações do mercado. No entanto, o que muitos esquecem é que, em sua essência, a empresa, quando surgiu, foi um exemplo de inovação, revolucionando o modo como as pessoas consumiam entretenimento doméstico nos anos 1980 e 1990.

Fundada em 1985 por David Cook, a Blockbuster entrou em um mercado fragmentado, em que pequenas videolocadoras operavam sem padrão de qualidade ou seleção consistente. Cook viu uma oportunidade clara, estimulada por uma pergunta transformadora: "Como tornar a locação de filmes uma experiência prática e confiável para o consumidor?". O modelo de negócio da Blockbuster era fundamentado em uma visão estratégica: alta escala, tecnologia e foco no cliente.

O diferencial inicial da Blockbuster foi o investimento em tecnologia. A empresa implementou um sistema informatizado de rastreamento de inventário, algo raro na época, permitindo uma gestão eficiente de milhares de fitas VHS em cada loja. Essa estratégia contribuiu para a empresa oferecer uma variedade incomparável de títulos com eficiência. Enquanto as pequenas locadoras tinham coleções limitadas, a Blockbuster garantia uma ampla seleção, o que atraía tanto cinéfilos quanto famílias em busca de entretenimento.

Estimulada por outra pergunta transformadora ("Como oferecer uma experiência diferenciada aos clientes em nossas lojas?"), a empresa inovou no design de seus pontos físicos. Foram desenvolvidas lojas diferenciadas com ambientes espaçosos, iluminados e organizados, tornando o processo de locação agradável e familiar. Em um mercado antes associado a locais apertados e pouco acolhedores, isso era uma ruptura. A experiência do cliente estava no centro da estratégia.

Entre 1985 e 1994, a Blockbuster cresceu de uma única loja em Dallas, no Texas, para mais de 3,6 mil unidades globalmente. Em 1994, a empresa foi adquirida pela Viacom por 8,4 bilhões de dólares, consolidando-se como a maior cadeia de locadoras do mundo. Naquele momento, a empresa estava presente em dezenas de países e empregava mais de 80 mil pessoas.[63]

Os números são impressionantes: no auge, em 2004, a Blockbuster tinha 9.094 lojas ao redor do mundo, atendendo cerca de 65 milhões de clientes por ano. Sua receita anual ultrapassava 5,9 bilhões de dólares.[64] Esses resultados não foram obra do acaso; estimulada por perguntas transformadoras, a empresa redefiniu toda a dinâmica do setor, reinventando um segmento até então pouco atrativo. O modelo de gestão caracterizado por uma combinação de eficiência operacional, visão estratégica e capacidade de execução foi amplamente divulgado como um dos maiores êxitos empresariais de até então.

No entanto, a mesma inovação que impulsionou a Blockbuster a dominar o mercado também foi limitada por uma visão presa ao seu modelo tradicional. Seu crescimento e sua expansão provocaram um misto de complacência e arrogância, o que fez com que a empresa simplesmente ignorasse as transformações do ambiente e a evolução de um novo concorrente.

A chegada da Netflix, com seu modelo de locação por assinatura e, posteriormente, com o streaming, trouxe um desafio que a

---

[63] LIPPMAN, J.; BATES, J. Viacom, Blockbuster Unveil Surprise Merger: Business: Two Companies Make an Extraordinary Move in Last-Minute Bid to Take Over Paramount Inc. **Los Angeles Times**, 8 jan. 1994. Disponível em: www.latimes.com/archives/la-xpm-1994-01-08-mn-9710-story.html. Acesso em: 21 mar. 2025.

[64] BLOCKBUSTER (retailer). **Wikipedia**. Disponível em: https://en.wikipedia.org/wiki/Blockbuster_%28retailer%29. Acesso em: 21 mar. 2025.

Blockbuster não soube enfrentar. Apesar de ter explorado iniciativas digitais, como o Blockbuster Online, a empresa foi lenta para perceber que o futuro do entretenimento estava além das prateleiras físicas. Como nos outros casos estudados, a mentalidade fixa invadiu as fileiras do negócio, e a organização perdeu a capacidade de fazer perguntas transformadoras, sua essência. A organização ficou obcecada pelas respostas já existentes e ignorou a mera possibilidade de uma transformação mais radical do setor.

No livro *Isso nunca vai funcionar*,[65] Marc Randolph, um dos fundadores da Netflix com Reed Hastings, descreve um encontro que teve junto a seu sócio com os executivos da Blockbuster em 2000, quando sua empresa estava enfrentando severas dificuldades financeiras. Visando manter a sobrevivência do negócio, ofereceram a venda de sua empresa à concorrente por 50 milhões de dólares.

Randolph relata em sua obra como a oferta de venda da Netflix foi tratada com desdém pelos líderes da Blockbuster, que nem a levaram a sério. Ele detalha como a postura dos líderes da Blockbuster refletia sua crença de que o modelo de locação digital da Netflix não representava uma ameaça real.

Além da decisão em si, a forma como ela foi conduzida demonstra a mentalidade dominante na organização e a incapacidade de refletir sobre caminhos que não iam ao encontro de suas crenças. Essa passagem evidencia que nem houve a motivação mínima de ponderar que estavam diante de uma oportunidade que se transformaria na ameaça letal para a organização.

Enquanto a Netflix estima faturar mais de 40 bilhões de dólares em 2025, com um valor de mercado que supera 400 bilhões de

---

[65] RANDOLPH, M. **Isso nunca vai funcionar**: o nascimento da Netflix e a incrível vida de uma ideia contada pelo seu cofundador e primeiro CEO. São Paulo: Planeta Estratégia, 2021.

dólares e mais de 300 milhões de assinantes ativos em todo o mundo, em 2010 a Blockbuster entrou com pedido de falência nos Estados Unidos e em 2013 encerrou definitivamente suas operações.

A história da Blockbuster é um poderoso exemplo de como a inovação inicial pode criar um império, mas também de como a falta de perguntas estratégicas e de adaptação pode derrubá-lo. Mesmo assim, é fundamental reconhecer que, em seu início, a Blockbuster foi uma força transformadora, trazendo organização, tecnologia e uma nova experiência ao mercado de locação de filmes. Mais do que uma lição de fracasso, sua trajetória inicial é um lembrete do poder das perguntas transformadoras como um processo contínuo.

Quando exploramos casos de insucesso no ambiente empresarial, é bastante comum surgirem críticas a respeito da posição cômoda de realizar essas análises após o transcorrer dos fatos. É importante deixar claro que nossa intenção não é, de modo algum, subestimar todo o esforço gerado na evolução dessas empresas; reconhecemos todos os desafios inerentes a processos de transformação como os apresentados.

É por esse motivo que fazemos questão de salientar que o declínio dessas corporações não pode eclipsar as incríveis realizações ao longo de sua trajetória. No entanto, estudar a evolução de empresas, mesmo quando não exitosas, é uma das estratégias mais poderosas de aprendizado e, nesse caso, nos mostra o risco de parar de fazer perguntas transformadoras ou optar por aquelas pouco ambiciosas que se destinam mais a favorecer o *statu quo* do que a realmente transformar os negócios.

A domesticação das ambições em uma empresa faz com que a essência que gerou seu sucesso seja esquecida, ignorada e relegada a segundo plano. Em não raras situações, as pessoas que ousam realizar perguntas inquietantes são malvistas e tendem a ser expelidas na organização, já que são percebidas como ameaça para a estabilidade do negócio.

Como demonstramos, as perguntas têm o poder de transformar negócios e setores inteiros, porém sua falta ou inadequação tem o mesmo potencial destrutivo. As perguntas certas podem moldar o presente e construir o futuro, mas é necessário continuar perguntando, especialmente em tempos de mudanças.

Assim como Eastman se perguntou, há mais de um século, como tornar a fotografia acessível, as empresas de hoje devem se perguntar: "Como podemos continuar relevantes no mundo em constante transformação?". No coração de toda grande transformação, sempre há uma grande pergunta. Abdicar desse comportamento é abrir mão da própria evolução pessoal e organizacional.

Como se não bastassem todos esses desafios, como comentamos no início desta obra, temos um ambiente caracterizado pelo avanço tecnológico em que uma das expressões mais recentes e contemporâneas é a inteligência artificial, que tende a comoditizar todas as respostas. Se o cenário já era desafiante há décadas, imagine hoje! Como realizar perguntas transformadoras na era da IA? Esse é o tema de nosso próximo capítulo.

6

Perguntas na Era da Inteligência Artificial

?

Recentemente, o mundo tem, com frequência, levantado questões importantes sobre os efeitos da evolução tecnológica no comportamento do ser humano. Os ganhos são incontestes, visto que temos um ambiente hiperconectado que permite o livre fluxo de informações e acesso a todo tipo de conhecimento com custo que tende a zero. No entanto, a indagação que emerge com força após décadas de transformação é: como o ambiente digital está influenciando o sistema de pensamentos do ser humano? Indo além e trazendo uma referência que tem se popularizado: as pessoas estão ficando menos inteligentes com tanta tecnologia e tantas informações disponíveis facilmente?

Fazendo uma correlação direta com nosso projeto e propósito por meio deste livro, podemos promover a seguinte pergunta: o que esse ambiente está fazendo com nossa capacidade de questionamentos? O tempo de tela a que estamos expostos formará uma geração melhor em sua capacidade de formular perguntas inspiradoras ou esse ambiente privilegia o comodismo e a conformidade?

Como toda formulação bem-estruturada, essa gera inquietude e desconforto e não pode ser sintetizada em uma única resposta, o que seria reduzir a discussão a uma visão enviesada e superficial. Devemos, no entanto, nos debruçar sobre o potencial dessa provocação e refletir sobre como aproveitar as possibilidades da tecnologia para sermos melhores indivíduos, estimulando nosso espírito crítico e poder de questionamentos.

Não deixa de ser curioso constatar que, desde o início de sua ascensão e consolidação, o mundo digital mostra ser o cenário ideal para questionadores. Usando o Google, um dos fenômenos mais relevantes desse novo mundo, aprendemos a fazer perguntas em interações constantes buscando informações para qualquer tipo de demanda. Com o tempo, esse processo só se intensificou à medida que fomos recompensados com boas respostas. O volume de questionamento foi aumentando proporcionalmente às boas respostas obtidas, em um *looping* interminável.

Como comentamos na Introdução, os anos recentes viram uma nova explosão de possibilidades nesse contexto com a ascensão da inteligência artificial generativa, segmento da IA que se caracteriza por aplicações que criam conteúdos, como textos, imagens, áudios ou vídeos, ao aprender padrões e estruturas em base de dados já existentes. O ChatGPT, lançado em 2022, obteve êxito quase instantâneo em uma escalada de crescimento que tem impactado milhões de pessoas em todo o mundo, as quais ficaram extasiadas ao se depararem com as possibilidades de respostas obtidas de maneira simples e imediata às suas questões.

Os avanços da tecnologia da inteligência artificial têm causado uma mudança sísmica na sociedade. Todos temos respostas para tudo. Nesse sentido, se no passado vivíamos em um ambiente em que as respostas eram cruciais, agora as questões ocupam esse papel, já que resultados de indagações tendem a se transformar em *commodities*, como temos enfatizado ao longo de toda a nossa obra.

Se anteriormente o grande diferencial estava em acessar as informações ("quem tem conhecimento tem poder" era um dos mantras mais populares), nesse novo ambiente todos têm acesso a informações. No fim das contas, para que seja possível obter conhecimento genuíno e poderoso, é necessário estruturar bons enunciados, aproveitando todo o poder computacional existente para promover reflexões poderosas, e não para obter respostas definitivas.

Mas não se trata de fazer perguntas aleatoriamente, utilizando as tecnologias existentes para encontrar as soluções desejadas. Tampouco fazer um único tipo de pergunta com o mesmo objetivo; afinal, se uma linha de questionamentos dominar o processo, inevitavelmente excluirá as outras, e as respostas serão sempre as mesmas. Trata-se de utilizar os recursos disponíveis para estruturar enunciados profundos, utilizando todo o potencial cognitivo do ser humano para buscar questionamentos que gerem inquietude, desconforto e motivação para promover o pensamento criativo e original. O objetivo não é a resposta definitiva, e, sim, insumos para deflagrar todo o processo. A resposta não é o fim do processo; é o início.

Um dos paradoxos mais evidentes provocados pela ascensão tecnológica é que um de seus principais benefícios, a velocidade, traz consigo uma de suas maiores ameaças, a superficialidade. Com cada vez mais frequência, recorremos à tecnologia como meio de gerar conexões para nossas demandas. Porém, mais conexões não significam, necessariamente, mais profundidade. Quanto maior for a complexidade da demanda, mais profunda deverá ser a reflexão para solucioná-la; e essa dinâmica, obrigatoriamente, não tem relação com quantidade.

O valor extraído de tecnologias como as de inteligência artificial está intrinsecamente relacionado à forma como são alimentadas. O valor de ferramentas como o ChatGPT é tão bom quanto o que você insere na aplicação. Perguntas simples resultarão em respostas simples. Perguntas sofisticadas, instigantes, levarão a retornos mais complexos e gerarão insumos para o fomento de ideias melhores.

No afã de encontrar respostas fáceis para esse desafio, os últimos anos testemunharam a expansão de tratados sobre como elaborar um bom prompt. Aliás, esse termo, anteriormente restrito à linguagem de especialistas técnicos em tecnologia, invadiu nosso vocabulário com a popularização da IA. O prompt é a instrução ou entrada fornecida a um modelo, como texto ou áudio, para direcionar sua resposta ou geração de conteúdo. Em termos mais simples, é a informação que o indivíduo coloca na caixa de conversas com sua pergunta.

Elaborar bons prompts é fundamental. No fim desta obra, você terá acesso a uma orientação prática com dez sugestões de como elaborar bons prompts. No entanto, mais uma vez corremos o risco da superficialidade ao resumir o bom uso da tecnologia à mecanização de escrever boas instruções para as máquinas. Se todos utilizarem as mesmas recomendações, todas as perguntas serão iguais. Simples assim. É necessário ir adiante e fazer melhor uso dos recursos disponíveis. A tecnologia por si só não é o suficiente para aumentar a performance de um indivíduo. É preciso pensar abrangentemente, refletindo sobre um processo que permita utilizar esses recursos de maneiras mais poderosas.

Erik Brynjolfsson é reconhecido como uma das principais referências no desenvolvimento de estudos sobre como a sociedade deve se preparar para as mudanças econômicas causadas pela IA. Ele atua como professor na Stanford University, onde dirige o Stanford Digital Economy Lab, uma iniciativa que explora como a tecnologia está transformando a economia e a sociedade, e defende que os seres humanos continuam tendo vantagem em relação às máquinas em tarefas como planejar em larga escala, resolver problemas, descobrir o que precisa ser feito, priorizar e definir os objetivos que devem ser alcançados, além de direcionar o sistema para o caminho certo. Em um mundo dirigido pela tecnologia, o indivíduo deve se preparar para construir enunciados poderosos que contribuirão para o desenvolvimento dessas tarefas – e de outras – com êxito, conquistando maior produtividade, além de ter acesso a um recurso capaz de expandir sua capacidade de gerar novas perspectivas para suas demandas, e não um instrumento para trazer as respostas definitivas a seus problemas.

As respostas prontas do passado já não funcionam mais. Executivos e líderes precisam fazer perguntas que vão além da superfície, para entender profundamente as variáveis em jogo e antecipar mudanças. A tecnologia deve ser uma aliada nessa busca.

Um dos benefícios que os sistemas e aplicações atuais oferecem é a possibilidade de entender padrões ocultos por meio de análises de comportamentos existentes. A partir de base de dados transacionais, por exemplo, é possível estruturar comandos do tipo: "Identifique qual é o padrão de consumo existente ao analisar o comportamento dessa base de clientes". Ou ainda: "Quais são as possíveis tendências identificadas ao analisar o padrão de compra desses clientes?". Observe que as respostas a tais perguntas ou comandos serão a base para reflexões cognitivas de indivíduos que se debruçam nesses achados, e não um retorno taxativo que definirá os rumos da ação. Os insumos gerados por essas questões são o ponto de partida da análise, e não sua conclusão.

As perguntas também podem ser utilizadas para ampliar a visão sobre as oportunidades e os riscos de determinados movimentos. Enunciados que motivam análises mais abrangentes podem ser utilizados *a priori* em ferramentas de inteligência generativa para, a partir de suas respostas, gerar reflexões poderosas. Como exploramos extenuantemente por aqui, ideias criativas e disruptivas sempre foram frutos de perguntas fundamentais. Aquelas do tipo "E se...?", "Por que não?" e "Como podemos...?"

desafiam o *statu quo* e propiciam novas perspectivas. A inteligência artificial potencializa a geração de possibilidades, permitindo que hipóteses sejam testadas e validadas em escala e velocidade sem precedentes. Questionar diferentes cenários e desfechos consiste em um uso mais estratégico da IA, que estimula a organização a efetuar análises orientadas à sua sustentabilidade futura, identificando potenciais ameaças e oportunidades não mapeadas quando o foco da alta gestão é apenas a rotina do negócio.

Um dos entendimentos figurativos é que as novas tecnologias acabaram com a "folha em branco", aquela etapa inicial de todo processo de ideação que, muitas vezes, é difícil de ser superada pela falta de um impulso.

De todo modo, a inteligência artificial é poderosa para processar grandes volumes de dados e identificar padrões, mas, ainda assim, precisa ser guiada pelas perguntas certas para gerar valor. Uma IA, por si só, não entende nuances ou complexidades humanas – ela responde ao que lhe é solicitado. À medida que aprendemos a utilizar esse recurso, aprimoramos nosso entendimento de sua capacidade. Estressar o uso de ferramentas de inteligência artificial nos permite identificar e perguntar o que a IA não pode responder. Ao testarmos seus limites, conseguimos identificar áreas nas quais o julgamento humano ainda é essencial e concentrar nossos esforços nessas dimensões. A pesquisa *The New Physics of Financial Services* [A nova física dos serviços financeiros], realizada pela consultoria Delloitte,[66] traz uma boa referência nesse sentido em seu relatório sobre IA aplicada

---

66 BIAGINI, S. A nova física dos serviços financeiros. **Deloitte**, [s. d.]. Disponível em: www.deloitte.com/br/pt/Industries/financial-services/research/inteligencia-artificial-financas.html. Acesso em: 21 mar. 2025.

ao setor financeiro. No estudo foi destacado que executivos que faziam perguntas provocativas e criativas, como "O que os dados NÃO estão mostrando?", foram capazes de descobrir insights não óbvios que a IA sozinha não teria evidenciado. A abordagem de elaborar perguntas para buscar lacunas ou zonas cegas em análises de dados se mostrou eficaz para evitar a armadilha de confiar cegamente nas recomendações da inteligência artificial sem o devido julgamento humano.

Nessa mesma linha, análises de uso e estudos de casos já indicam que as ferramentas de IA são mais eficazes quando indivíduos conseguem fazer perguntas que estimulem a máquina (*deep learning* e *machine learning*) a explorar nuances dos dados, como: "Que fatores desconhecidos podem estar influenciando nosso desempenho?" ou "Qual é a correlação entre nosso comportamento de cliente e tendências macroeconômicas?". Ao provocarmos o sistema com questões exploratórias, a inteligência artificial não apenas retorna padrões simples, mas também identifica correlações mais complexas e preditivas, trazendo à tona dimensões que demandariam muito esforço para serem levantadas.

Embora as tecnologias de inteligência artificial sejam capazes de processar vastos volumes de dados e detectar padrões, elas não têm a capacidade de compreender contexto humano, emoção ou intencionalidade por si mesmas. A IA, essencialmente, é uma máquina de respostas. Perguntas como "Que parte do processo de decisão deve ser exclusivamente humana?" são críticas para identificar onde a tecnologia pode ser complementar e onde é necessário julgamento humano. Um exemplo prático vem do uso da inteligência artificial no setor de saúde. Em um estudo publicado no *Journal of Medical Systems*, demonstrou-se que, embora a IA fosse extremamente eficaz em diagnósticos com base em padrões de dados, médicos que faziam perguntas reflexivas, como "Que fatores emocionais e sociais podem estar afetando este diagnóstico?", tiveram insights que a tecnologia por si só não havia capturado. Isso ressalta a necessidade de fazer perguntas que considerem o que está fora do alcance dos algoritmos, especialmente nas áreas nas quais contexto, ética ou emocionalidade humana são cruciais.

Outro desafio para a inteligência artificial é lidar com exceções. Um dos segmentos que têm adotado fortemente a tecnologia são aqueles que envolvem operações robustas de *call centers*. Todos os grandes *players* do setor têm se aventurado e realizado investimentos relevantes nessa área com modelos de automação e predição de comportamento. Ao analisar casos concretos de uso, já fica claro que um dos maiores desafios não é lidar com as perguntas que surgem com frequência, e, sim, com aquelas muito raras. Como os sistemas de IA trabalham com informações de base de dados existentes, sabem responder às perguntas com base em dados já aprendidos. Mas, quando se trata de uma exceção, a tendência é que sua resolução não tenha sido mapeada por essas estruturas, e o aprendizado de máquina enfrenta dificuldades. Perguntas com essas características devem ser exploradas por indivíduos que têm as capacidades cognitivas necessárias para lidar com a imponderabilidade das possíveis respostas.

A despeito de todos os desafios, a adoção das tecnologias também pode cumprir um papel essencial na construção da almejada cultura de aprendizado e inquietude, requisito essencial para a estrutura de um sistema corporativo que promova a pergunta a um local de destaque de modo frequente e em suas rotinas e seus processos.

Um dos desafios importantes para as organizações na adoção de tecnologias horizontais (aquelas cujo impacto atende a todas as faixas da organização, e não apenas a áreas técnicas e especializadas), como a inteligência artificial, diz respeito à sua utilização em larga escala. As empresas só conseguirão se apropriar de todo o potencial do benefício dessas novas tecnologias se a maior parte de seus colaboradores aderirem a seus recursos em suas atividades críticas. Como as tecnologias de inteligência artificial generativa são acessíveis no que concerne tanto ao investimento quanto ao uso, promover sua adoção por meio da utilização desse recurso em rituais ou processos que incentivam a utilização de perguntas pode ser uma forma de estimular o espírito crítico e pensamento criativo. A adoção de métodos como brainstorming, por exemplo, pode ser, já em sua concepção, acompanhada de instruções que inserem essas tecnologias nas fases iniciais do processo, de modo a destravar o potencial criativo dos participantes e estimular sua interação com essas dinâmicas (mais adiante, em Anatomia das perguntas: estruturas para fomentar perguntas em seu negócio, apresentaremos alguns desses métodos para sua adoção).

Como você pode observar, na era da IA a relevância de fazer perguntas vai muito além de simplesmente buscar respostas. Perguntar estrategicamente permite às empresas guiarem a tecnologia para explorar insights mais profundos, identificar os gaps em que o julgamento humano ainda é essencial e promover uma relação sinérgica entre tecnologia e humanos. Estudos e práticas de mercado mostram que fazer as perguntas certas não apenas potencializa o uso da IA, mas também posiciona a liderança empresarial em um papel fundamental de articuladores de inovação, responsabilidade e crescimento sustentável. O ato de questionar é o que humaniza a IA e amplia seu impacto nas organizações.

A investigação em um mundo onde a tecnologia é onipresente pode durar para sempre. Sempre há mais para investigar. A correta utilização da tecnologia permite contornar a armadilha paralisante pela qual muitos são vitimados ao não conseguirem evoluir em suas reflexões mais profundas.

Uma vez mais, enfatizamos o papel do líder nesse contexto. Além de essa integração da tecnologia com as perguntas potencializar a ação de indivíduos que ocupam posição de liderança, capacitar as pessoas a utilizarem os recursos adequados para aprimorar suas competências analíticas é central para obter melhor performance individual e corporativa. Ou seja, é mais uma atividade relevante e prioritária na agenda de qualquer líder bem-sucedido.

A História mostra que sempre que surge uma nova tecnologia que revoluciona comportamentos na sociedade é necessário repensar como toda a economia é conduzida. Não se trata apenas de colocar novas tecnologias sobre formas antigas de trabalho. Essa prática de encaixar o "novo" no "velho" não conseguirá realmente aproveitar os benefícios gerados por essas novas ferramentas. As revoluções tecnológicas anteriores, desde a máquina a vapor até a eletricidade, desencadearam revoluções que só atingiram esse *status* pelo fato de terem organizado uma nova forma de atuação para toda a sociedade. Não alcançaram esse patamar somente sendo uma melhoria incremental do movimento anterior.

O componente físico da economia continua importante. Mas agora que estamos abordando não apenas o físico, mas também o cognitivo, provavelmente teremos ganhos de produtividade ainda maiores do que vimos no passado. Para capturar todo esse potencial de crescimento, no entanto, é necessário entender que a interação entre homem e máquina deve ocorrer bilateralmente. Da mesma forma que a tecnologia evolui, nossa capacidade como seres humanos deve avançar. Só assim conseguiremos construir as bases para uma nova ordem. E essa capacidade cognitiva, tão cantada em prosa e verso, deve ser estimulada pelo incremento da habilidade de fazer perguntas poderosas aliada ao entendimento de como utilizar, adequadamente, os recursos tecnológicos disponíveis.

As máquinas trazem respostas já conhecidas. As perguntas, formuladas por seres humanos, estimulam a navegação pelo desconhecido rumo ao pensamento original, a essência de uma boa estratégia. A interação desses dois agentes – indivíduos e tecnologia – tem o potencial de render frutos inimagináveis, levando as possibilidades de realização para patamares inéditos na história dos negócios.

Conclusão

Vivemos em uma era de transições rápidas e incertezas profundas. Ao longo desta obra, exploramos como perguntas transformadoras moldaram a trajetória humana, desafiaram dogmas corporativos e habilitaram inovações que redefiniram indústrias inteiras. As questões que levantamos – sobre a essência de um negócio, a demanda não atendida de um cliente ou a relevância do propósito organizacional – nos ajudam a superar a ilusão das respostas prontas, criando um futuro que seja, ao mesmo tempo, inquietante e repleto de possibilidades.

Peter Drucker, o pai da administração moderna, nos alertou sobre o perigo da complacência ao afirmar que "as árvores não crescem até o céu".[67] Ele acreditava que muitos anos de sucesso levam as empresas a se acomodarem com as mesmas respostas, perpetuando modelos que já não refletem mais as necessidades do ambiente em transformação. É nesse momento que o maior risco emerge: a incapacidade de fazer as perguntas certas. O sucesso do passado pode se tornar o maior empecilho para a inovação e

---

[67] COSTA, J. E. "As árvores não crescem até o céu". **Exame**, 8 set. 2016. Disponível em: https://exame.com/mentoria/crescimento/as-arvores-nao-crescem-ate-o-ceu/. Acesso em: 21 mar. 2025.

o progresso, porque cria uma falsa sensação de segurança e um apego às soluções que outrora funcionaram.

Essa reflexão é especialmente relevante em um mundo onde as perguntas que elaboramos têm o poder de criar ou destruir negócios, culturas e até indústrias inteiras. Empresas que prosperaram por décadas, como Kodak e Blockbuster, não falharam por falta de capacidade técnica ou recursos, mas por terem deixado de questionar os fundamentos de seus modelos de negócio em um cenário em rápida transformação. A lição que extraímos dessas histórias é clara: o sucesso não é um ponto final, mas um convite a uma reflexão contínua e profunda.

A relevância das perguntas não se limita ao mundo corporativo; elas transcendem barreiras organizacionais e impactam a sociedade como um todo. Quanto mais intencionalmente formarmos uma geração de questionadores, mais contribuiremos para uma cultura que valoriza o pensamento crítico, a criatividade e o progresso. No ambiente empresarial, isso significa não apenas construir sistemas e hábitos que incentivem o questionamento, mas também empregar as tecnologias existentes, como a inteligência artificial, para amplificar a profundidade dessas indagações.

O progresso humano é movido por perguntas que, em cada geração, nos desafiam a ir além. Perguntas que pareciam essenciais no passado hoje podem soar banais, enquanto as que agora nos desconcertam abrirão caminhos para horizontes ainda não vislumbrados. Algumas delas reaparecerão em novos formatos, enquanto outras serão tão revolucionárias que transformarão nosso entendimento do mundo. Esse ciclo interminável de curiosidade é o que garante a evolução.

Não é à toa que as organizações que se destacam são as que cultivam a habilidade de questionar. Lideranças eficazes não temem a dúvida; ao contrário, veem nela a semente da inovação.

Cada pergunta disruptiva, pequena ou grandiosa, é um convite a expandir a visão, redescobrir oportunidades e redefinir caminhos.

A pergunta correta tem o poder de romper paradigmas, redefinir prioridades e iluminar caminhos inexplorados. Este livro é um convite a todos os líderes, empreendedores e curiosos para que nunca abandonem essa prática essencial. Como bem ressaltou Drucker, o maior perigo é acreditar que a dinâmica do sucesso pode se perpetuar sem mudanças. O ato de questionar, portanto, não é apenas um exercício intelectual, mas uma garantia de relevância e sustentabilidade em um mundo que nunca para de mudar. Afinal, o futuro será desenhado por aqueles que têm a coragem de questionar as respostas do presente.

Com o objetivo de apresentar orientações práticas para seu aprendizado, estruturamos duas partes adicionais, disponibilizadas nas páginas a seguir.

Em **Anatomia das perguntas: estruturas para fomentar as perguntas em seu negócio**, você encontrará referências de como aplicar estruturas e métodos para fomentar as perguntas de maneira sistêmica em sua empresa.

Depois, em **Matriz das perguntas: modelos para formular perguntas poderosas com clareza, intenção e impacto**, você terá um compêndio de diversos modelos de perguntas que podem ser realizadas para distintos desafios corporativos.

Essa foi uma forma que encontramos para compartilhar com você tudo o que estudamos e ao que tivemos acesso sobre o tema. Divirta-se!

Referências

3 FRASES de Bill Gates para ajudar investidores. **Forbes**, 24 ago. 2017. Disponível em: https://forbes.com.br/negocios/2017/08/3-frases-de-bill-gates-para-ajudar-investidores/#foto2. Acesso em: 21 mar. 2025.

AMAZON. **Princípios de liderança**. [s. d.] Disponível em: www.amazon.jobs/content/pt/our-workplace/leadership-principles. Acesso em: 13 mar. 2025.

ARIELY, D. **Previsivelmente irracional**. Rio de Janeiro: Sextante, 2020.

BERGER, W. **A More Beautiful Question**: The Power Of Inquiry To Spark Breakthrough Ideas. Nova York: Bloomsbury USA, 2014.

BERGER, W. **The Book of Beautiful Questions**: The Powerful Questions That Will Help You Decide, Create, Connect, And Lead. Nova York: Bloomsbury Publishing, 2018.

BIAGINI, S. A nova física dos serviços financeiros. **Deloitte**, [s. d.]. Disponível em: www.deloitte.com/br/pt/Industries/financial-services/research/inteligencia-artificial-financas.html. Acesso em: 21 mar. 2025.

BLOCKBUSTER (retailer). **Wikipedia**. Disponível em: https://en.wikipedia.org/wiki/Blockbuster_%28retailer%29. Acesso em: 21 mar. 2025.

CHEVALLIER, A.; DALSACE, F.; BARSOUX, J. L. The Art of Asking Smarter Questions. **Harvard Business Review**, maio-jun., 2024. Disponível em: https://hbr.org/2024/05/the-art-of-asking-smarter-questions. Acesso em: 13 mar. 2025.

CHRISTENSEN, C. M. **O dilema da inovação**: quando as novas tecnologias levam empresas ao fracasso. São Paulo: M.Books, 2011.

COLLINS, J. **Como as gigantes caem**: e por que algumas empresas jamais desistem. Rio de Janeiro: Alta Books, 2018.

COLLINS, J. **Empresas feitas para vencer**: por que algumas empresas alcançam excelência... e outras não. Rio de Janeiro: Alta Books, 2018.

COLLINS, J.; PORRAS, J. I. **Feitas para durar**: práticas bem-sucedidas de empresas visionárias. Rio de Janeiro: Alta Books, 2020.

COSTA, J. E. "As árvores não crescem até o céu". **Exame**, 8 set. 2016. Disponível em: https://exame.com/mentoria/crescimento/as-arvores-nao-crescem-ate-o-ceu/. Acesso em: 21 mar. 2025.

DRUCKER, P. **Inovação e espírito empreendedor**: práticas e princípios. São Paulo: Cengage Learning, 2016.

DRUCKER, P.; HESSELBEIN, F.; KUHL, J. S. **Peter Drucker's Five Most Important Questions**: Enduring Wisdom for for Today's Leaders. Hoboken (Nova Jersey): John Wiley & Sons, Inc., 2015.

GREGERSEN, H. Better Brainstorming: Why Questions Matter More than Answers. In: **Harvard Business Review**, mar./abr. 2018.

GREGERSEN, H. **Questions Are the Answer**: A Breakthrough Approach to Your Most Vexing Problems at Work and in Life. Nova York: Harper Business, 2018.

LEVITT, T. Marketing Myopia. **Harvard Business Review**, jul.-ago., 2004. [Originalmente publicado em jul.-ago., 1960]. Disponível em: https://hbr.org/2004/07/marketing-myopia. Acesso em: 13 mar. 2025.

LONGO, W. Os desafios do mundo digital. In: **Revista Soluções**. Sebrae PR, mar. 2013. Disponível em: https://walterlongo.com.br/wp-content/uploads/2019/10/artigo-150-bem-vindo-a-industria-do-conhecimento.pdf. Acesso em: 13/08/2024.

LONGO, W. Walter Longo falando sobre os Millennials. YouTube, 24 mar. 2017. 7min43s. Disponível em: www.youtube.com/watch?v=X9Gfc98SZQE. Acesso em: 13 ago. 2024.

MARQUARDT, M. J.; TIEDE, B. **Leading with Questions**: How Leaders Discover Powerful Answers by Knowing How and What to Ask. Nova Jersey: John Wiley & Sons, 2023.

MCKINNEY, P. **Beyond the Obvious**: Killer Questions that Spark Game-Changing Innovation. Nova York: Hyperion, 2012.

MENEZES, P. Método Socrático. Ironia e Maiêutica. **Toda Matéria**. Disponível em: www.todamateria.com.br/metodo-socratico-ironia-maieutica/. Acesso em: 13 ago. 2024.

PERENNIALS mudam comportamento social e de consumo, segundo pesquisa. **Revista Live Marketing**, 1 abr. 2019.

SALIBI NETO, J.; MAGALDI, S. **O que as escolas de negócios não ensinam**: Insights sobre o mundo real de gladiadores de gestão. São Paulo: Alta Books, 2019.

SCHOEMAKER, P. J. H.; KRUPP, S. The Power of Asking Pivotal Questions. **MIT Sloan Management Review**, 16 dez. 2014. Disponível em: https://sloanreview.mit.edu/article/the-power-of-asking-pivotalquestions/. Acesso em: 13 mar. 2025.

SINEK, S. **Por quê?** Como motivar pessoas e equipes a agir. São Paulo: Editora Saraiva, 2012.

SINEK, S.; MEAD, D.; DOCKER, P. **Find Your Why**: A Practical Guide for Discovering Purpose for You and Your Team. Nova York: Portfolio/Penguin, 2017.

SESNO, F. **Ask More**: The Power of Questions to Open Doors, Uncover Solutions and Spark Change. Nova York: American Management Association (AMACON), 2017.

SOBEL, A.; PANAS, J. **Power Questions**: Build Relationships, Win New Business, and Influence Others. New Jersey: John Wiley & Sons, 2012.

?

Anatomia das perguntas

ESTRUTURAS PARA FOMENTAR PERGUNTAS EM SEU NEGÓCIO

Um dos principais desafios para estabelecer uma cultura em que as perguntas ocupam destaque no sistema de gestão da organização é desenvolver esse processo de maneira sistêmica e estruturada.

Como se trata de um comportamento natural de qualquer ser humano, tal processo é encarado de modo informal e até ocasional, o que não gera a oportunidade de uma estruturação mais organizada e, consequentemente, de escala.

Um caminho para instilar esse comportamento de maneira institucional é aplicar métodos que permitam sistematizar as iniciativas e replicá-las por toda a organização.

Existem diversos métodos. Resumimos aqui os principais que pesquisamos em todas as obras de referência utilizadas para elaborar esta obra. Recomendamos ao leitor que não fique restrito às metodologias aqui apresentadas e pesquise outras referências até chegar àquelas alinhadas à cultura e ao modo de operar de sua organização.

Para cada um dos seis métodos, incluímos uma breve descrição e, nos casos em que foram apresentados em outras obras, exibimos também as fontes para que, se o leitor desejar, possa aprofundar suas pesquisas e seu conhecimento sobre a estrutura.

1. Técnicas para formulação de perguntas
2. Os cinco porquês
3. Brainstorming
4. Brainstorming de perguntas
5. O método científico
6. O processo de questionamento

Esperamos que esses métodos sejam ferramentas valiosas para que você aproveite todo o potencial que reside na elaboração de perguntas instigantes.

Técnicas para formulação de perguntas: como aquecer os músculos do questionamento

Como qualquer habilidade, o questionamento estratégico pode – e deve – ser treinado. Aqui estão alguns exercícios práticos para estimular uma cultura de perguntas no ambiente corporativo, ajudando líderes e equipes a refinarem sua capacidade de pensar criticamente, explorar novas possibilidades e desafiar o *statu quo*.

Todos os métodos aqui apresentados foram extraídos da obra *The Book of Beautiful Questions*, de Warren Berger.

A Técnica de Formulação de Perguntas (TFP)

Desenvolvida pelo Right Question Institute (RQI), fundado por Dan Rothstein e Luz Santana, a Técnica de Formulação de Perguntas (*Question Formulation Technique* – QFT) ganhou notoriedade ao ser aplicada inicialmente no campo da educação. O método foi amplamente disseminado no livro *Make Just One Change: Teach Students to Ask Their Own Questions*[1] e, posteriormente, adaptado

---

1 ROTHSTEIN, D.; SANTANA, L. **Make Just One Change**: Teach Students To Ask Their Own Questions. Cambridge: Harvard Education Press, 2011.

para ambientes corporativos, com usos em processos de inovação, estratégia e resolução de problemas.

O objetivo central da TFP é exercitar a formulação de perguntas de maneira estruturada, incentivando a curiosidade e a investigação profunda. Sua aplicação permite que indivíduos e equipes desenvolvam um pensamento mais crítico e elaborado, fundamental para a tomada de decisões e para a inovação nas organizações.

Passo a passo para implementação
1. Defina um "foco na pergunta"
    - Escolha um tema central, expresso em poucas palavras. Pode ser algo amplo, como "Transformação digital", ou mais específico, como "Redefinição do papel do líder". O importante é que seja uma afirmação, e não uma pergunta.
2. Produza perguntas sem julgamentos
    - Dentro de um tempo predefinido (dez minutos costuma ser ideal), gere o máximo de perguntas possíveis sobre o tema.
    - Evite respostas ou discussões. Aqui, a quantidade importa mais do que a qualidade.
3. Melhore as perguntas
    - Transforme perguntas fechadas em abertas e vice-versa. Exemplo: "A inovação é essencial para nossa empresa?" pode se tornar "Por que a inovação é essencial para nossa empresa?". Isso ajuda a visualizar diferentes abordagens e direções para explorar o tema.
4. Priorize as perguntas mais impactantes
    - Selecione as três perguntas mais provocativas ou relevantes para o contexto da organização.

5. Defina os próximos passos
   - Como essas perguntas serão utilizadas? Elas podem guiar discussões estratégicas, inspirar novos projetos ou orientar pesquisas.
6. Reflita sobre o processo
   - O que você aprendeu sobre como formular perguntas?
   - Como esse exercício impactou sua maneira de enxergar desafios e oportunidades?

6 maneiras de criar perguntas melhores

Nem todas as perguntas são criadas do mesmo modo. Pequenos ajustes na formulação podem alterar significativamente a profundidade e a utilidade de uma questão. A seguir, você encontra seis técnicas simples para elevar a qualidade das perguntas no dia a dia.

Passo a passo para implementação
1. Abra a pergunta
   - Substitua perguntas fechadas por abertas para estimular respostas mais ricas. Exemplo: em vez de "O mercado está mudando?", pergunte "Como o mercado está mudando?".
2. Feche-a, se necessário
   - Se precisar validar suposições, transforme uma pergunta ampla em uma fechada. Exemplo: antes de perguntar "Por que esse problema existe?", pergunte "Isso é realmente um problema?".
3. Afie a precisão
   - Quanto mais específica for a pergunta, melhor será a resposta. Exemplo: troque "Como as tendências impactam nosso negócio?" por "Como a ascensão da IA no varejo afeta nossa estratégia?".

4. Adicione um "Por quê?"
   - Perguntar "por quê?" leva à raiz da questão. Exemplo: em vez de "Qual tendência preocupa mais?", pergunte "Qual tendência preocupa mais – e por quê?".
5. Suavize a abordagem
   - Algumas perguntas podem soar como uma crítica. Introduzir uma formulação mais neutra gera mais abertura. Exemplo: troque "Por que você fez isso desse jeito?" por "Estou curioso para entender: por que essa abordagem foi escolhida?".
6. Neutralize o viés
   - Perguntas devem ser neutras para evitar influenciar a resposta. Exemplo: em vez de "Esse filme não foi horrível?", pergunte "O que você achou desse filme?".

Exercício de observação e questionamento

A habilidade de fazer boas perguntas está diretamente ligada à maneira como enxergamos o mundo ao nosso redor. Este exercício desenvolve a capacidade de perceber padrões e levantar questionamentos sobre o que muitas vezes passa despercebido.

Passo a passo para implementação

1. Capture um momento cotidiano
   - Tire uma foto de algo que faz parte de sua rotina diária: seu escritório, um café, seu ambiente de trabalho.
2. Analise a imagem
   - Observe elementos que normalmente passam despercebidos.
   - Mude a perspectiva; foque os detalhes ou amplie o contexto.

3. Identifique três novos aspectos
   - O que chamou sua atenção, mas antes passava despercebido?
4. Transforme percepções em perguntas
   - Cada detalhe pode ser o início de uma reflexão maior. Exemplo: "Por que um lado da minha mesa está sempre bagunçado e o outro, organizado?".

Esse exercício treina a curiosidade ativa – uma habilidade essencial para inovadores, estrategistas e líderes que desejam enxergar além do óbvio e descobrir novas possibilidades.

Os cinco porquês: um método simples e poderoso para diagnosticar problemas

Criada no Japão e creditada a Sakichi Toyoda, fundador da Toyoda Industries (que mais tarde deu origem à Toyota), a metodologia dos Cinco Porquês se tornou uma ferramenta essencial no pensamento enxuto e na melhoria contínua. Seu princípio é simples: ao perguntar "por quê?" repetidamente (em geral, cinco vezes), conseguimos ir além dos sintomas superficiais de um problema e alcançar sua causa raiz.

A relevância desse método está em sua simplicidade e profundidade. Muitas vezes, soluções apressadas atacam efeitos visíveis sem eliminar o que realmente causa o problema. Ao estruturar perguntas encadeadas, a organização desenvolve um pensamento crítico mais profundo, evitando desperdícios de tempo e recursos em correções paliativas.

Passo a passo para implementação

1. Escolha um problema real e específico
   - Defina claramente a questão que precisa ser investigada. Seja um atraso na entrega de um projeto, uma

queda nas vendas ou uma falha operacional, o ponto de partida precisa ser concreto.

2. Pergunte "Por quê?" pela primeira vez
   - Identifique a razão imediata do problema. Por exemplo: "O projeto atrasou". Por quê? "Porque a equipe demorou a receber as informações do cliente."
3. Repita o questionamento
   - Continue investigando a resposta anterior. Exemplo: "A equipe demorou a receber as informações do cliente." Por quê? "Porque não havia um canal de comunicação eficiente entre a equipe e o cliente."
4. Continue até a quinta iteração (ou mais, se necessário)
   - O objetivo é alcançar a raiz do problema. Muitas vezes, a causa real pode não aparecer no terceiro ou quarto "por quê?", mas no quinto, que pode revelar, por exemplo, que a empresa não tem um processo estruturado de *onboarding* para novos clientes.
5. Defina ações corretivas para a causa raiz
   - Uma vez identificado o problema central, foque a solução definitiva, não paliativos. Se a causa for estrutural, talvez seja necessária uma mudança organizacional, e não apenas uma ação isolada.

Brainstorming: como transformar ideias brutas em soluções poderosas

O brainstorming é uma das técnicas mais conhecidas para estimular a criatividade e a inovação nas empresas. Criado por Alex Osborn, publicitário e um dos fundadores da agência BBDO, o método surgiu na década de 1940 como uma forma de gerar soluções criativas para problemas complexos. Osborn formalizou a técnica em seu livro *Applied Imagination*,[2] estabelecendo princípios que ajudaram o brainstorming a se tornar uma prática essencial para inovação em negócios, design e estratégia.

A relevância do brainstorming reside no fato de que grandes ideias raramente surgem prontas. Elas nascem do caos, da experimentação e da conexão entre diferentes perspectivas. Quando bem conduzido, esse método pode destravar insights valiosos, permitindo que equipes explorem possibilidades além das soluções óbvias.

Passo a passo para implementação

1. Defina um desafio claro
   - O sucesso de um brainstorming começa com a formulação da pergunta certa. Em vez de perguntar "Como podemos aumentar as vendas?", prefira algo mais específico, como "Quais novas abordagens podem atrair clientes recorrentes?".
2. Crie um ambiente seguro e livre de julgamentos
   - A base do brainstorming é a liberdade de expressão. Durante a sessão, nenhuma ideia deve ser considerada ruim ou inviável – isso pode ser analisado depois. A crítica prematura sufoca a criatividade e inibe a participação.
3. Estimule a geração massiva de ideias
   - A quantidade precede a qualidade. Quanto mais ideias forem geradas, maior a chance de encontrar insights relevantes. Incentive os participantes a pensarem sem restrições e anotarem tudo o que vier à mente.

---

2 OSBORN, A. *op. cit.*

4. Construa sobre as ideias dos outros
   - O brainstorming não é um exercício individual; ele funciona melhor quando há colaboração. Ideias podem ser combinadas, expandidas ou refinadas coletivamente, criando soluções que ninguém teria imaginado sozinho.
5. Mantenha o ritmo dinâmico
   - Sessões muito longas tendem a perder energia. O ideal é trabalhar em ciclos curtos e intensos, de quinze a trinta minutos, para manter o engajamento.
6. Organize e filtre as melhores ideias
   - Após o volume inicial de sugestões, chega o momento de selecionar as ideias mais promissoras. Utilize critérios como viabilidade, impacto e alinhamento estratégico para definir as que merecem desenvolvimento.
7. Transforme ideias em ação
   - O brainstorming só faz sentido se levar a alguma iniciativa concreta. Cada ideia escolhida deve ser acompanhada de um plano de ação claro: quem faz o quê e até quando?

6 maneiras de melhorar seu brainstorming

Assim como qualquer ferramenta, o brainstorming pode ser aprimorado. Aqui estão seis estratégias para torná-lo mais produtivo.

1. Adote um formato estruturado
   - Em vez de um bate-papo solto, experimente técnicas como *brainwriting* (os participantes escrevem suas ideias antes de compartilhá-las) ou *round-robin* (cada pessoa contribui de maneira sequencial).
2. Incentive ideias radicais
   - Algumas das melhores inovações nascem de hipóteses ousadas. Crie um momento específico para propostas

aparentemente absurdas e veja como elas podem ser lapidadas em algo viável.
3. Combine brainstorming individual e coletivo
- Nem todos pensam bem sob pressão. Antes da sessão em grupo, peça aos participantes que reflitam individualmente e tragam sugestões iniciais.
4. Use gatilhos criativos
- Frases provocativas, imagens e até *cases* de outras indústrias podem desbloquear novas conexões. Estimule a criatividade trazendo perspectivas externas ao problema.
5. Evite hierarquia na conversa
- Se houver participantes de diferentes níveis hierárquicos, o ideal é que todos tenham voz igual. Um facilitador pode ajudar a equilibrar a participação para evitar que apenas os mais experientes dominem a sessão.
6. Capture e documente tudo
- Muitas ideias promissoras se perdem porque não são devidamente registradas. Utilize notas adesivas, quadros brancos ou ferramentas digitais para garantir que todas as contribuições sejam documentadas.

Brainstorming de perguntas: como liberar novos caminhos para resolução de problemas

Se o brainstorming tradicional é usado para gerar ideias, o brainstorming de perguntas (*question burst*) foca a formulação de perguntas poderosas para destravar desafios e encontrar novos caminhos para soluções inovadoras. Essa técnica foi desenvolvida por Hal Gregersen, professor do MIT e autor do livro *Questions Are the Answer*.

O conceito central do método é que as perguntas certas podem redefinir problemas e abrir novas perspectivas. Em vez de buscar respostas imediatas, ele incentiva a exploração de questões profundas, permitindo que indivíduos e equipes encontrem novas abordagens para desafios complexos.

Passo a passo para implementação

1. Prepare o cenário
   - Escolha um desafio significativo. A questão precisa ser importante o suficiente para despertar interesse e envolvimento genuíno. Um bom indicativo de que você escolheu o problema certo é quando ele "faz seu coração bater mais rápido",[3] como disse Brad Smith, CEO da Intuit.
   - Convide um pequeno grupo diversificado. Idealmente, duas ou três pessoas com diferentes pontos de vista e experiências sobre o problema. Pessoas de fora da área também são bem-vindas, pois tendem a fazer perguntas inesperadas.
   - Explique o desafio em dois minutos. Sem rodeios, descreva o problema e o impacto que sua solução poderia gerar. Também compartilhe brevemente por que ele ainda não foi resolvido.

   Antes de começar, realize uma verificação emocional rápida. Como você se sente em relação ao problema? Anote se sua emoção é positiva, neutra ou negativa – você repetirá esse exercício no final.

2. Gere o máximo possível de perguntas
   - Defina um cronômetro de quatro minutos. Durante esse tempo, o grupo deve gerar o maior número possível de perguntas relacionadas ao desafio. O objetivo é chegar a pelo menos quinze a vinte perguntas.

---

3 GREGERSEN, H. *op. cit.* p. 67.

- Apenas perguntas são permitidas. Nada de respostas, justificativas ou debates. Isso garante que o foco permaneça na exploração do problema e evita que o grupo caia no pensamento convencional.
- Evite preâmbulos ou contextualizações. As perguntas devem ser diretas e sem filtros, pois isso impede que suposições ocultas limitem a criatividade.
- Registre todas as perguntas. Escreva exatamente como foram ditas. Fazer isso permite enxergar padrões e identificar novas perspectivas.

Ao final, faça novamente a verificação emocional rápida. Como você se sente agora em relação ao problema? A pesquisa mostra que a resolução criativa de problemas floresce quando as pessoas estão em um estado emocional positivo. Se sua energia ainda estiver baixa, tente repetir o exercício com um novo grupo ou após um intervalo.

3. Descompacte as perguntas e descubra novos caminhos
    - Revise a lista de perguntas. Identifique aquelas que parecem mais provocativas ou que sugerem novas direções para o problema.
    - Expanda as perguntas escolhidas. Uma maneira clássica de aprofundar a análise é aplicar a técnica dos cinco porquês, criada por Sakichi Toyoda e refinada por Michael Ray, da Stanford University. Pergunte a si mesmo por que aquela pergunta é relevante, e então pergunte novamente sobre a resposta dada. Repita esse processo cinco vezes para chegar à raiz do problema.
    - Comprometa-se a explorar pelo menos um novo caminho. O objetivo final do exercício não é apenas gerar boas perguntas, mas usá-las para reformular o problema e buscar soluções inovadoras.

6 dicas para maximizar o impacto do brainstorming de perguntas

1. Enquadre bem o desafio inicial. Um problema maldefinido pode levar a perguntas irrelevantes. Antes de começar, certifique-se de que a questão central está clara e bem formulada.
2. Crie um ambiente seguro para questionamentos. Se as pessoas sentem que precisam filtrar suas perguntas, o processo perde eficácia. O facilitador deve reforçar que todas as perguntas são válidas.
3. Experimente o exercício em diferentes contextos. Além de ser usado para resolver problemas de negócios, esse método pode ser aplicado para discutir oportunidades estratégicas, desenvolver novos produtos ou repensar processos internos.
4. Evite cair na armadilha de buscar respostas prematuras. O foco deve ser expandir o pensamento, não resolver o problema imediatamente. Permita que as perguntas guiem a descoberta.
5. Use perguntas como guias para ação. Após o exercício, transforme as questões mais impactantes em uma agenda de pesquisa, discussões estratégicas ou desafios para equipes de inovação.
6. Torne o *question burst* uma prática recorrente. Quanto mais você exercita a formulação de perguntas, mais fácil se torna encontrar insights transformadores.

O método científico: a arte de perguntar para encontrar respostas consistentes

Existe um tipo de pergunta que exige paciência. Um questionamento que não produz respostas imediatas, mas desafia nossas certezas e nos obriga a investigar, testar e, principalmente, tentar provar que estamos errados antes de acreditar que estamos certos. Esse é o questionamento científico, um processo sistemático que busca dados, experimentação e validação empírica antes de tirar conclusões.

O método científico, utilizado há séculos para desvendar os mistérios do mundo físico, não é apenas para cientistas. Ele pode – e deve – ser aplicado a negócios, gestão, decisões estratégicas e até à vida cotidiana. Em tempos de excesso de informações e opiniões polarizadas, adotar uma mentalidade científica nos torna mais críticos, mais precisos e menos reféns de certezas frágeis.

Passo a passo para implementação

1. Comece com os fatos
   - Antes de tudo, olhe para a realidade. O que você vê, sente ou sabe com alto grau de certeza?
   - Seja um problema de mercado, um comportamento inesperado dos consumidores ou um desafio na gestão de equipes, toda investigação começa com uma observação objetiva.
   - Pergunte-se: "O que está acontecendo aqui? O que está causando isso?".

   Exemplo prático: uma empresa percebe que as vendas de um produto caíram nos últimos três meses. Em vez de presumir rapidamente que o problema é "preço alto" ou "pouca propaganda", ela faz perguntas para entender o cenário antes de agir.

2. Formule uma pergunta de investigação
   - A partir da observação, elabore uma pergunta clara e específica que guiará sua busca por respostas. Perguntas melhores levam a respostas mais relevantes.
   - Essa pergunta não deve conter suposições. Em vez de "Nossos preços estão muito altos?", prefira algo como:

"Quais fatores podem estar contribuindo para a queda das vendas?".

Exemplo prático: a empresa pode questionar: "As mudanças recentes na economia afetaram o poder de compra dos consumidores?"; "Houve mudanças no comportamento do público-alvo que explicam essa queda?"; "Os concorrentes lançaram algo que tornou nosso produto menos atrativo?".

3. Desenvolva uma hipótese (mas tente provar que está errada)
   - A hipótese é uma explicação provisória, uma suposição testável sobre a causa do fenômeno observado.
   - Uma boa hipótese deve ser clara, mensurável e falsificável; ou seja, deve ser possível testá-la e provar que está errada.
   - Na ciência, a verdade se fortalece quando resiste a tentativas de refutação. O objetivo não é provar que você está certo, mas testar se pode estar errado.

Exemplo prático: a empresa propõe a seguinte hipótese: "A queda nas vendas foi causada pelo aumento de preços implementado no último trimestre". Para testar essa hipótese, é necessário analisar dados históricos, comparativos de mercado e até realizar experimentos controlados.

4. Coloque à prova: teste, meça e valide
   - Agora é hora de testar a hipótese com dados reais e experimentação.
   - Isso pode ser feito de várias maneiras:
     - Analisando métricas passadas para ver se aumentos de preço anteriores tiveram efeitos semelhantes.
     - Executando um teste A/B, oferecendo dois preços diferentes para grupos distintos e medindo o impacto nas vendas.

Pesquisando consumidores para entender se o preço foi realmente um fator decisivo.

Se os testes refutarem a hipótese, é preciso reformulá-la e buscar outra explicação. Se a hipótese resistir aos testes, temos uma teoria mais robusta – mas nunca uma verdade absoluta.

5. Compartilhe, ajuste e refine
   - Na ciência, uma descoberta só tem valor quando passa pelo crivo de outros especialistas.
   - No mundo corporativo e na vida prática, isso significa apresentar suas conclusões a pares, *stakeholders* e até a clientes para avaliar diferentes perspectivas.
   - O feedback pode revelar falhas no método, novas variáveis não consideradas ou até oportunidades inesperadas.

Exemplo prático: se a empresa concluir que o preço não foi o único fator, pode precisar investigar questões como mudanças no marketing, percepção de marca ou comportamento da concorrência.

A cultura científica no mundo real

A lógica científica pode parecer distante do cotidiano, mas a verdade é que as melhores decisões do mundo corporativo e das políticas públicas se beneficiam de uma abordagem baseada em dados e experimentação.

1. O caso dos testes A/B no Vale do Silício
   Empresas como Google, Facebook e Amazon não tomam grandes decisões com base em opiniões subjetivas. Elas testam hipóteses em tempo real.

- Um novo design de site? Antes de implementá-lo para milhões de usuários, ele é testado com uma pequena amostra para medir impactos reais.
- Um novo algoritmo? Ele precisa ser validado em diferentes cenários para evitar vieses e erros inesperados.
- O critério para uma ideia vingar não é quem a defende com mais paixão, mas os dados que a sustentam.

2. O poder do ceticismo construtivo
Vivemos em um mundo onde decisões são muitas vezes guiadas por emoção, viés de confirmação e certezas frágeis. Mas o pensamento científico ensina a questionar tudo, inclusive nossas próprias convicções.
- Quantas vezes acreditamos em algo sem testar?
- Quantas decisões tomamos com base em intuição, sem buscar dados concretos?
- Quantos problemas poderiam ter sido evitados se tivéssemos feito perguntas melhores antes de agir?
- A ciência não garante certezas absolutas, mas garante um processo mais robusto, estruturado e confiável para encontrar respostas.

O processo de questionamento: como líderes podem perguntar melhor e ouvir com impacto

Fazer perguntas parece um ato simples. Elas surgem no decorrer de uma conversa, são respondidas e a discussão avança. Mas, no contexto da liderança, perguntar bem não é um gesto pontual, e, sim, um processo estruturado. Um bom questionamento pode gerar reflexão, criar conexões, desafiar suposições e abrir caminhos para melhores decisões.

O método apresentado aqui se baseia nos princípios descritos por Dennis Rivers, autor de *The Seven Challenges*,[4] e visa ajudar líderes a refinarem seu processo de questionamento. O modelo propõe uma abordagem consciente e estratégica para cada etapa da pergunta, desde a formulação até o acompanhamento das respostas.

Passo a passo para implementação

1. Quebre o gelo e crie conexão
   - Toda boa pergunta começa com um ambiente propício ao diálogo. Antes de questionar, crie um clima de abertura e confiança.
   - Se a conversa acontecer em um tom de julgamento ou pressão, as respostas tenderão a ser defensivas.
   - Prática para líderes: comece com perguntas leves e relacionais antes de entrar em temas mais profundos. Exemplo: "O que tem sido mais desafiador para você ultimamente?".

2. Prepare o cenário: explique o contexto
   - Antes de perguntar, deixe claro por que você está perguntando. Isso ajuda a pessoa a se sentir segura e a entender a intenção do diálogo.
   - Perguntas sem contexto podem gerar desconfiança ou respostas vagas.
   - Prática para líderes: por exemplo, em vez de perguntar "Por que os resultados caíram?", explique primeiro: "Quero entender melhor os fatores que impactaram nossos números neste trimestre. Podemos refletir sobre isso juntos?".

---

4 RIVERS, D. **The Seven Challenges**: A Workbook and Reader About Communicating More Cooperatively. Bloomington: Trafford Publishing, 2002.

3. Faça a pergunta certa
    - O poder da resposta depende da qualidade da pergunta.
    - Perguntas fechadas (sim/não) podem ser úteis para validação, mas perguntas abertas desencadeiam insights e reflexões mais profundas.
    - Prática para líderes: por exemplo, em vez de "Você acha que essa estratégia funcionou?", prefira: "Quais aspectos dessa estratégia funcionaram e quais podem ser ajustados?". Varie os tipos de perguntas:
        - "O que aconteceu?" (Fato)
        - "Por que isso aconteceu?" (Causa)
        - "O que poderíamos fazer diferente?" (Solução)

4. Ouça de verdade: o silêncio é um recurso
    - A resposta não é apenas *o que* é dito, mas também *como* é dito.
    - Um líder que faz perguntas, mas não ouve com atenção, gera frustração e desmotivação na equipe.
    - Prática para líderes:
        - Aguarde a resposta: faça uma pausa ao final da pergunta para permitir que a outra pessoa reflita antes de responder.
        - Demonstre presença: contato visual, acenos sutis e postura receptiva incentivam respostas mais autênticas.
        - Leia além das palavras: observe linguagem corporal, tom de voz e hesitações – eles podem revelar mais do que o conteúdo da fala.
        - Parafraseie para validar a compreensão: "Se eu entendi bem, você está dizendo que...".

5. Faça o acompanhamento: perguntar não é o fim, mas o começo
   - Uma boa pergunta não pode ser abandonada no vazio. O acompanhamento demonstra que a resposta foi considerada e valorizada.
   - Se alguém compartilhou preocupações ou sugestões, você perderá confiança se as ignorar.
   - Prática para líderes:
     - Dê retorno: "Gostei muito da ideia que você trouxe na última reunião. Fizemos algumas mudanças baseadas nela".
     - Se uma questão ficou em aberto, retome-a depois: "Na última conversa, você mencionou um desafio com sua equipe. Como as coisas estão agora?".
     - Mostre que a conversa gera impacto real.

Ouvindo com qualidade: técnicas para uma escuta ativa e respeitosa

A eficácia do questionamento não depende apenas da pergunta em si, mas da forma como ouvimos as respostas. A seguir, veja algumas estratégias para maximizar a escuta e incentivar respostas mais autênticas.

- Evite interromper: a pressa de completar a fala do outro pode minar a confiança no diálogo.
- Pratique o silêncio estratégico: o espaço entre a pergunta e a resposta pode estimular reflexões mais profundas.
- Mostre curiosidade genuína: em vez de desafiar argumentos, colabore na construção da resposta.
- Peça razões adicionais: incentive a outra pessoa a fortalecer seu argumento. "O que mais te faz acreditar nisso?"
- Demonstre interesse além do conteúdo lógico: muitas respostas carregam um componente emocional que pode revelar mais do que a fala direta.

Matriz das perguntas

MODELOS PARA FORMULAR PERGUNTAS PODEROSAS COM CLAREZA, INTENÇÃO E IMPACTO

Como constatamos ao longo desta obra, perguntas poderosas atuam como catalisadoras da inovação, da identificação de oportunidades e da resolução de desafios. Durante nossos estudos para a elaboração deste livro, pesquisamos diversas estruturas de perguntas para diferentes temas e necessidades.

Aqui você encontrará os principais modelos de perguntas que pesquisamos para temas específicos, com seus aspectos centrais no formato de um guia prático. Nosso objetivo é facilitar seu processo de desenvolvimento de questões instigantes, oferecendo algumas possibilidades para deflagrar todo o processo.

Ao conhecer esses modelos já validados, você poderá adotá-los em suas demandas provocando e incentivando a reflexão de todos.

Identificamos 7 modelos de perguntas valiosas para seu conhecimento.

1. As 5 questões essenciais de Peter Drucker
2. Perguntas para pensar fora da caixa
3. Os 5 domínios das questões estratégicas

4. Perguntas para os líderes
5. Perguntas para gerenciar conflitos
6. As 10 perguntas para formular prompts poderosos
7. Perguntas para avaliação de conselhos

Esse conteúdo deve ser encarado como um guia prático e flexível, permitindo adaptações conforme as particularidades de cada modelo e as necessidades de seu negócio.

Recomendamos integrar tais modelos com as sugestões de **Anatomia das perguntas: estruturas para fomentar perguntas em seu negócio**, pois, dessa forma, você terá todas as referências necessárias para implementar um sistema em que as perguntas ocupam lugar de destaque nas principais reflexões estratégicos de seu negócio.

Mãos à obra!

As 5 questões essenciais de Peter Drucker

Trata-se de um *framework* estratégico que orienta líderes e gestores na reflexão profunda sobre o propósito e o desempenho de suas organizações. Ao responder honesta e detalhadamente a cada uma dessas perguntas, a organização consegue alinhar sua missão, identificar e entender seus clientes, mensurar os resultados alcançados e, por fim, desenvolver um plano de ação robusto. Esse modelo é um convite à análise crítica e à inovação, proporcionando um caminho para a melhoria contínua e a sustentabilidade do negócio.

A estrutura a seguir está na obra *Peter Drucker's Five Most Important Questions*, de Peter F. Drucker, Frances Hesselbein e Joan Snyder Kuhl.

Pergunta 1: Qual é nossa missão?

Essa pergunta central convida a organização a refletir sobre seu propósito fundamental, questionando o que ela realmente busca alcançar, o porquê de sua existência e como deseja ser lembrada.

Tipos de perguntas
- O que estamos tentando alcançar?
- Nossa missão precisa ser revisitada?
- Quais desafios, oportunidades e problemas podem influenciar nossa missão?

Pergunta 2: Quem é nosso cliente?

Essa pergunta convida a organização a identificar, de maneira detalhada, quem são seus clientes – tanto os principais quanto os de apoio – e a compreender o valor que cada grupo recebe.

Tipos de perguntas
- Quem são nossos clientes principais e secundários?
- Nossos clientes mudaram? Como?
- Devemos adicionar ou excluir alguns clientes?
- Que outros grupos de clientes, se houver, a organização deveria atender? Por quê?

Pergunta 3: O que o cliente valoriza?

Essa pergunta investiga quais benefícios e satisfações os clientes encontram na organização, destacando o diferencial que ela oferece em comparação com outras fontes.

Tipos de perguntas
- O que nossos clientes principais e secundários consideram mais importante?
- Como podemos melhorar a entrega de valor para nossos clientes?
- Como esse conhecimento pode orientar nossas decisões estratégicas?

Pergunta 4: Quais são nossos resultados?

Essa pergunta foca a mensuração dos resultados alcançados pela organização, avaliando o desempenho das atividades e a eficiência no uso dos recursos para atingir os objetivos estratégicos.

Tipos de perguntas
- Como definimos e medimos os resultados de nossa organização?
- Estamos alcançando esses resultados de modo eficiente?
- Como estamos utilizando nossos recursos humanos e financeiros?

Pergunta 5: Qual é nosso plano?

A última pergunta direciona a organização à elaboração de um plano de ação estratégico, integrando as lições aprendidas das análises anteriores para definir objetivos, metas e ações concretas.

Tipos de perguntas
- O que aprendemos e como podemos aplicar esse aprendizado?
- Onde devemos concentrar nossos esforços estratégicos?
- Como podemos definir objetivos claros e medir nosso progresso?

Perguntas para pensar fora da caixa

Esse modelo incentiva líderes e organizações a desafiarem suposições, ampliarem perspectivas e tomarem decisões estratégicas com base em uma análise mais profunda e diversificada. Essas perguntas ajudam a evitar armadilhas do pensamento convencional, promovendo inovação, adaptação e uma visão mais abrangente do mercado e dos desafios do negócio.

1. Perguntas sobre problema
Você está resolvendo o problema correto?

- O problema identificado é realmente a causa raiz ou apenas um sintoma?
- Quais evidências sustentam a definição do problema?
- Quais soluções alternativas poderiam ser exploradas?

2. Perguntas sobre tendências de mercado
Até que ponto você entende as implicações das amplas tendências de mercado e das tendências menos visíveis para seu negócio e para as futuras escolhas estratégicas?

- Quais tendências macro e micro estão moldando o setor?
- Como essas tendências podem impactar o posicionamento da organização?
- O que a empresa está fazendo para se adaptar a essas mudanças?

3. Perguntas sobre incertezas e cenários
Até que ponto você analisou as principais incertezas externas e os cenários futuros que poderiam impactar significativamente suas decisões de negócio?

- Quais são as maiores incertezas que podem afetar o negócio?
- Como diferentes cenários futuros podem alterar nossas estratégias?
- Que medidas de mitigação de riscos estamos implementando?

4. Perguntas sobre perspectivas diversas

Você busca com regularidade pontos de vista diversos para ver lados múltiplos de assuntos complexos e explora propositalmente problemas importantes de vários ângulos?

- Quais *stakeholders* internos e externos podem oferecer perspectivas valiosas?
- Como incentivar um ambiente que promova diferentes pontos de vista?
- Estamos considerando ângulos não óbvios antes de tomar decisões?

5. Perguntas sobre conexões estratégicas

Você utiliza múltiplas lentes para conectar pontos de diversas fontes e *stakeholders* e se aprofunda para ver conexões importantes que outros não percebem?

- Quais insights podem ser gerados ao conectarmos dados de diferentes fontes?
- Como integrar informações de clientes, concorrentes e parceiros para criar vantagem competitiva?
- Quais padrões emergentes podem ser identificados e explorados?

6. Perguntas sobre decisão estratégica

Você gera e avalia opções múltiplas quando está tomando decisões estratégicas e considera os riscos de cada uma delas, incluindo as consequências indesejadas?

- Estamos analisando diversas possibilidades antes de decidir?
- Como avaliamos os riscos e as consequências de cada opção estratégica?

- Existe um plano para mitigar impactos inesperados?

7. Perguntas sobre experimentação e inovação

Você incentiva experimentos e o "falhar rápido" como fonte de inovação e aprendizado rápido?

- Quais mecanismos internos incentivam testes e aprendizado rápido?
- De que maneira o erro pode ser tratado como parte do processo de inovação?
- Estamos criando um ambiente seguro para experimentação e evolução contínua?

Os 5 domínios das questões estratégicas

Questões estratégicas podem ser agrupadas em cinco domínios: investigativo, especulativo, produtivo, interpretativo e subjetivo. Cada um desses domínios desbloqueia um aspecto diferente do processo de tomada de decisão. Quando usados em conjunto, esses tipos de questionamento ajudam a evitar decisões precipitadas, permitindo que líderes e equipes analisem problemas com profundidade e encontrem soluções mais eficazes.

Esse material foi publicado no artigo *The Art of Asking Smarter Questions* [A arte de fazer perguntas mais inteligentes], de Arnaud Chevalier, Frédéric Dalsace e Jean-Louis Barsoux.[1]

---

1 CHEVALLIER, A.; DALSACE, F.; BARSOUX, J. L. The Art of Asking Smarter Questions. **Harvard Business Review**, maio-jun., 2024. Disponível em: https://hbr.org/2024/05/the-art-of-asking-smarter-questions. Acesso em: 13 mar. 2025.

1. Perguntas investigativas – O que é conhecido?

- Qual é o verdadeiro propósito dessa decisão ou desse desafio?
- O que já sabemos sobre esse problema? O que ainda precisamos descobrir?
- Por que esse problema existe? (Uso da técnica dos cinco porquês.)
- Como podemos aprofundar nossa compreensão para evitar soluções superficiais?

2. Perguntas especulativas – E se...?

- E se abordássemos essa questão de uma forma completamente diferente?
- Quais são outras possibilidades que ainda não consideramos?
- Como poderíamos resolver esse problema de maneira criativa?
- O que aconteceria se alterássemos completamente nossa abordagem?

3. Perguntas produtivas – Agora o quê?

- Temos os recursos necessários para implementar essa ideia?
- Quais são as capacidades e limitações da equipe para executar essa estratégia?
- Estamos expandindo no ritmo correto ou estamos ultrapassando nossa capacidade?
- Como podemos alinhar nossos esforços para garantir que estamos crescendo de maneira sustentável?

4. Perguntas interpretativas – Então, o quê?

- O que essa informação realmente significa para nossa estratégia?
- Como podemos sintetizar os aprendizados obtidos até agora?

- Essa questão é realmente sobre o que acreditamos que seja?
- Como esse insight pode ser transformado em ação prática?

5. Perguntas subjetivas – O que não foi dito?
- Existe alguma preocupação ou dúvida que não foi expressa?
- Que fatores emocionais ou políticos podem estar influenciando essa decisão?
- Como podemos criar um ambiente em que as pessoas se sintam seguras para compartilhar suas opiniões?
- Será que estamos ignorando sinais de alerta por causa de vieses internos?

Perguntas para os líderes

Liderar não significa ter todas as respostas, mas saber fazer as perguntas certas. Os líderes mais eficazes criam um ambiente de aprendizado contínuo e evolução ao estimularem reflexões poderosas – tanto para suas equipes quanto para si mesmos. Esse modelo reúne perguntas estratégicas voltadas para os liderados e perguntas essenciais para autorreflexão dos líderes, promovendo clareza, alinhamento e desenvolvimento organizacional.

Perguntas para a equipe

Essas perguntas ajudam a fortalecer a cultura organizacional, aumentar o engajamento e criar um ambiente em que as pessoas se sentem ouvidas e valorizadas.

1. O que faz você se orgulhar de trabalhar aqui?
2. Há algo que eu esteja fazendo que esteja atrapalhando seu sucesso?
3. O que você acha que deveríamos fazer nessa situação?
4. Como você me vê como líder?
5. Que lições você aprendeu com essa experiência?

6. O que eu deveria fazer mais? Menos?
7. O que você acha que poderíamos ter feito melhor/diferentemente nessa situação?
8. Como você classificaria minhas habilidades de comunicação e por quê?
9. Quais aspectos de seu trabalho você mais ama? Quais aspectos de seu trabalho são mais desafiadores?
10. Que ideias você tem para melhorar nosso negócio/fazer nossa organização crescer?
11. O que nossos clientes estão dizendo?
12. Estamos fazendo algo que não é mais eficaz e que deveríamos parar de fazer?

Perguntas de autorreflexão para líderes

Grandes líderes questionam não apenas suas equipes, mas também a si mesmos. Essas perguntas orientam a tomada de decisão e garantem que o líder atue com clareza e propósito.

1. Qual é meu processo de priorização?
   - Como decido o que merece minha atenção?
   - Estou alocando tempo para o que realmente importa?
2. Como minha equipe está se saindo?
   - Quais são os critérios para avaliar o sucesso da minha equipe?
   - Eles estão alinhados com os objetivos estratégicos da organização?
3. Eu assumo responsabilidade?
   - Quando as coisas dão errado, eu busco soluções ou culpados?
   - Como minha postura afeta a cultura da minha equipe?
4. Dou o exemplo?
   - Minhas ações refletem os valores que defendo?

- Estou inspirando os outros por meio do meu comportamento?
5. O que minha equipe está ouvindo?
   - Minha comunicação está clara?
   - Sei quais são as preocupações e expectativas do meu time?
6. O que não está funcionando?
   - Tenho coragem de admitir quando algo precisa mudar?
   - Estou disposto a abandonar práticas ineficazes?
7. Que papel meu ego desempenha na tomada de decisões?
   - Consigo ouvir e aceitar ideias melhores que as minhas?
   - Como equilibro confiança e humildade?
8. Como colaboro?
   - Estou realmente promovendo colaboração ou apenas exigindo cooperação?
   - Como estou construindo relacionamentos produtivos dentro e fora da minha equipe?
9. O que faço para manter minha sanidade?
   - Estou cuidando da minha saúde mental e emocional?
   - Como evito o desgaste e mantenho minha energia no longo prazo?

Perguntas para gerenciar conflitos

Conflitos fazem parte de qualquer ambiente organizacional, e a forma como são gerenciados pode fortalecer ou enfraquecer uma equipe. William Ury, um dos maiores especialistas em negociação do mundo, propõe um conjunto de perguntas que ajudam líderes a separar as emoções do problema, compreender os interesses das partes envolvidas e encontrar soluções colaborativas.[2] Essas perguntas promovem a escuta ativa, a empatia e a construção de acordos sustentáveis.

---

2 MARQUARDT, M. J.; TIEDE, B. *op. cit.* p. 161.

1. Diagnóstico do conflito
- Como podemos separar as pessoas do problema e diagnosticar a causa do conflito?
- Quais objetivos estão em conflito?
- O que cada lado quer?
- Todas as partes têm uma compreensão clara das questões?

2. Construção de empatia e escuta ativa
- Como posso incentivar cada lado a ver o conflito da perspectiva do outro lado e a praticar a escuta ativa?
- Quais são as áreas de interesse comum?

3. Foco em interesses, não em posições
- Quais são os problemas (e não qual é a posição de cada lado)?
- Como cada lado pode conseguir o que quer?
- Quais são as questões incompatíveis entre os dois lados?
- Quais são os objetivos mais importantes de cada lado?

4. Geração de soluções
- Como podemos gerar opções que podem ser usadas para resolver o problema?
- Que critérios objetivos usaremos como base para nossas decisões?

5. Gestão da discordância
- Como podemos discordar de modo agradável?

As 10 perguntas para formular prompts poderosos

Criar prompts eficazes é a chave para extrair respostas úteis e aprofundadas de uma IA. Um bom prompt deve ser claro, direcionado e otimizado para a necessidade do usuário. As perguntas a seguir ajudam a estruturar prompts poderosos para aprendizado, criatividade, produtividade e resolução de problemas.

1. Como posso aprender mais rápido?
   Prompt: "Quero aprender sobre [inserir tema]. Identifique os 20% mais importantes dos conteúdos sobre esse tema de modo que eu consiga entender os 80% restantes."
2. Como posso melhorar meus textos?
   Prompt: "[Inserir texto] Revise meu texto. Corrija erros de gramática e ortografia. E faça sugestões que o tornem mais claro."
3. Como transformar o ChatGPT em meu assistente?
   Prompt: "Estou preparando um relatório sobre [inserir tópico]. Pesquise a fundo e crie um relatório contendo um guia passo a passo que ajude os leitores a [inserir resultado desejado]."
4. Como aprender uma nova habilidade de maneira eficiente?
   Prompt: "Quero aprender a [inserir habilidade desejada]. Crie um plano de aprendizado de trinta dias que ajude um iniciante como eu a aprender e aprimorar essa habilidade."
5. Como testar meu próprio conhecimento?
   Prompt: "Estou aprendendo sobre [inserir tópico]. Faça-me uma série de perguntas para testar meus conhecimentos. Identifique pontos fracos em minhas respostas e sugira como melhorá-las."
6. Como treinar o ChatGPT para gerar prompts sob medida para mim?
   Prompt: "Você é uma IA projetada para ajudar [inserir profissão]. Gere uma lista dos dez melhores prompts para si mesmo. Os prompts devem ser sobre [inserir tópico]."
7. Como usar melhor o ChatGPT?
   Prompt: "Crie um manual para iniciantes sobre como usar o ChatGPT. Inclua prompts, priming e personas.

E também exemplos. O manual não deve ter mais de quinhentas palavras."
8. Como aprender conceitos complexos de maneira simples?
Prompt: "Explique [inserir assunto] em termos simples e fáceis que qualquer iniciante possa entender."
9. Como gerar novas ideias?
Prompt: "Quero [inserir tarefa ou meta]. Gere [inserir resultado desejado] para [inserir tarefa ou meta]."
10. Como resumir documentos e artigos longos?
Prompt: "Resuma o texto abaixo e prepare uma lista de tópicos com os principais insights e os fatos mais importantes. [Inserir texto]"

Perguntas para avaliação de conselhos

A seleção e a avaliação de conselheiros são etapas críticas para garantir um conselho de administração eficaz. As perguntas estruturadas a seguir abrangem decisões sobre liderança, definição estratégica, apetite ao risco e impacto organizacional, auxiliando na identificação de competências, no alinhamento estratégico e na governança.

Este modelo foi desenvolvido pelo professor Luis Lobão, um dos maiores especialistas do Brasil em governança corporativa e estratégia empresarial.

1. Decisões sobre liderança

- Temos o CEO correto?
- Como asseguramos nossa avaliação de liderança de maneira contínua?
- O conselho já implementou um processo para avaliar o CEO e seus sucessores potenciais?
- O conselho assegura que a empresa tenha os executivos certos?

- Até que ponto a remuneração do CEO e dos principais dirigentes está vinculada ao desempenho efetivo?

2. Clareza estratégica e competitividade

- A definição da estratégia está clara?
- Os conselheiros compreendem com exatidão a fórmula para ganhar dinheiro na estratégia escolhida?
- O conselho inclui conselheiros que contribuem com experiência e conhecimento dos mercados em que atuamos?
- Nossa estratégia é capaz de criar um jogo ou explorar mercados ainda não reconhecidos?
- O conselho se envolve diretamente nas oportunidades de negócio?

3. Recrutamento e impacto do conselho

- Os conselheiros são capazes de pensar estrategicamente e contribuir para a evolução contínua da empresa?
- O candidato a conselheiro é experiente em questões estratégicas e de execução específicas de nosso negócio?
- O conselho tem como contribuir com a experiência e a diversidade necessárias para realizar seu trabalho?
- O candidato a conselheiro agrega um sólido valor não apenas na sala do conselho, mas também na sala da diretoria executiva?

4. Gestão de riscos e desafios organizacionais

- O apetite da empresa para o risco é bem definido pelos conselheiros e disciplinado pelos gestores?
- Estamos atualizados regularmente sobre os riscos da empresa pelo comitê de auditoria ou pelo comitê de riscos?
- A empresa está preparada para eventos de baixa probabilidade porém de grandes consequências?

5. Governança e sucessão

- A empresa tem gestores qualificados e engajados para realizar seu projeto estratégico?
- Estamos trabalhando para reter gestores de alto desempenho e sucessores capazes?
- A estratégia da empresa e a sucessão executiva estão explicitamente vinculadas?
- O planejamento sucessório foi incorporado à cultura da empresa?
- O conselho tem um membro preparado para assumir o cargo de CEO em uma saída inesperada?

?

Este livro foi impresso
pela gráfica Grafilar em
papel lux cream 70 g/m²
em junho de 2025.